The
Summing Up

毛姆
文学课

〔英〕威廉·萨默塞特·毛姆 著

刘勇军 译

江苏凤凰文艺出版社
JIANGSU PHOENIX LITERATURE AND
ART PUBLISHING

图书在版编目（CIP）数据

毛姆文学课 / （英）威廉·萨默塞特·毛姆
(William Somerset Maugham) 著；刘勇军译 . -- 南京：
江苏凤凰文艺出版社，2024.6
ISBN 978-7-5594-8264-8

Ⅰ. ①毛… Ⅱ . ①威… ②刘… Ⅲ . ①阅读学②写作
学 Ⅳ . ① G792 ② H05

中国国家版本馆 CIP 数据核字 (2024) 第 008456 号

毛姆文学课

（英）威廉·萨默塞特·毛姆　著　　刘勇军　译

出　品	橘子洲文化	
监　制	王　瑜　暖暖	
责任编辑	白　涵	
策划编辑	王云婷	
封面设计	小贾设计	
版式设计	段文婷	
营销编辑	杨　迎　刘　洋　史志云	
出版发行	江苏凤凰文艺出版社	
	南京市中央路 165 号，邮编：210009	
网　址	http://www.jswenyi.com	
印　刷	北京中科印刷有限公司	
开　本	710mm×1000mm 1/32	
印　张	11	
字　数	195 千字	
版　次	2024 年 6 月第 1 版	
印　次	2024 年 6 月第 1 次印刷	
书　号	ISBN 978-7-5594-8264-8	
定　价	55.00 元	

CONTENTS
目录

第 1 章
名人

本书既不是自传，也不是回忆录。我已经以这样或那样的方式，将生活中发生的一切记录到我的作品里。有时，我的一段经历成为作品的主题，我就再虚构一系列事件来展现这个主题。更多时候，我会选择一些点头之交或亲朋好友，将他们作为我虚构人物的原型。事实和虚构在我的作品中如此混杂，以至于现在回想起来，连我自己都很难将两者区分开来。即使我能记住这些事实，我也不想记录这些事实，因为我已经更好地利用了它们。此外，这些事实本就乏善可陈。我的生活多姿多彩，常常充满乐趣，但不是一种冒险的生活。我的记性很差，一个好故事除非再听一遍，否则根本记不住，可就算又听了一遍，我刚想把故事讲给别人听，却又忘得一干二净。我甚至连自己编的笑话都记不住，所以我只得一直编新笑话。这一缺陷使得人们与我相处时不像以前那么舒心了。

我从来没有写过日记。现在我多么希望自己在尝试成为剧作家成功之后的一年里，能够勤快点，写写日记，因为那时我遇到了许多重要的人，也许那时候的日记会是一份有趣的文字记录。在那个时期，贵族和地主在南非搞得一团糟，人们对他们的信任也随之土崩瓦解，但贵族和地主没有意识到这一点，仍像以前一样自信满满。在我经常光顾的某些政治机构，他们讲起话来的口气听起来像是管理大英帝国是他们的私人事务。大选还没开始，他们就讨论起了汤姆是否应该掌管内政部、迪克是否满意自己被派去爱尔兰，这给我一种说不上来的奇怪感觉。我想，现在这个年头很少有人会去读汉弗莱·沃德夫人①的小说，然而尽管它们可能很枯燥，但我记得其中一些小说很好地描绘了当时统治阶级的生活。那时的小说家非常注重这一点，就算半个贵族都不认识，也会想办法写上几笔他们生活。如果现在去看当时的剧本，你会惊讶地发现其中有多少角色有着贵族头衔。戏剧经理认为这种方式能吸引观众，演员也乐得扮演他们。但随着贵族政治

---

① 汉弗莱·沃德夫人（Mrs. HumphryWard，1851—1920）：英国严肃小说家，活跃于十九世纪八九十年代，致力于提高穷人的教育。（本书注释未特殊说明，均为译者注）

的重要性降低，公众对贵族的兴趣也越来越小。戏迷们开始观察自己阶层的人，比如当时掌管国家事务的富裕商人和职业人士的行为。虽然从未制定过这条规则，但仍然盛行，即作家不应介绍有头衔的人，除非对他的主题至关重要。公众仍然不可能对下层阶级感兴趣。与他们有关的小说和戏剧通常被认为是肮脏下流的。现在这些阶级已经获得了政治权力，公众对他们的生活是否会像长期以来对有头衔的人和富裕资产阶级的生活一样感兴趣，这将是一件令人好奇的事。

在这段时间里，我遇到了一些人，他们的级别、名气或地位很可能让他们认为自己注定要名垂青史。但他们并没有我想象中的那样出色。英国是一个政治国家，我经常被邀请去某些宅邸，在这些地方，政治永远是第一趣味。我在这些地方遇到的杰出政治家身上也没有发现任何显著的能力。由此我得出了一个结论，也许有些草率，那就是统治一个国家不需要极高的智慧。从那时起，我认识了许多国家的政治家，他们都获得了很高的职位。在我看来，他们思想的平庸让我一直感到困惑。我发现他们对生活中的日常事务知之甚少，我也不经常在他身上发现智力的微妙或想象力的活跃。有一段时间，我倾向认为他们的杰出地位只归功于他们的演讲天赋，因为除非你能引起公众的注意，否则在民主社会中掌权几乎是不可能的。正如我们所知，言语的天赋并不经常伴随着思想的力量。但是，由于我见过在我看来不太聪明的政治家在处理公共事务时取得了合理的成功，我不得不认为自己错了：治理一个国家一定需要特定的人才，即使不是全才，有特殊的才能也完全没问题。同样，我也认识一些有权势的人，他们发了大财，为庞大的企业带去了繁荣，但在所有与他们的业务无关的事情上，他们似乎缺乏常识。

当时我听到的谈话也没有预想中的那么聪明。它很少给你太多思考。谈话内容浅显易懂，却不总是有价值，显得和蔼而肤浅。严肃的话题很少出现，因为人们有一种感觉，这就是在大庭广众之下讨论这些话题很尴尬，对"太过专业"的恐惧似乎阻止了人们谈论他们最感兴趣的话题。据我判断，这样的谈话只不过是讲讲适可而止的玩笑话，但你很少能听到值得重复的俏皮话。人们可能会认为，文化的唯一用途是让人们能够有区别地胡说八道。总的来说，我认为我所认识的最有趣的演说家是埃德蒙·戈斯①。他读了很多书，尽管似乎读得不是很深入，但他的言谈举止流露出一种睿智感。他有着惊人的记忆力和敏锐的幽默感，头脑极其灵活。

① 埃德蒙·戈斯（Edmund Gosse, 1849—1928）：英国诗人、作家、文学史家、文评家，巴斯勋章获得者，代表作品《父与子》（*Father and Son*）。

他和斯温伯恩①很熟，谈论起他来，让人听得津津有味。他也可以谈论雪莱②，虽然他们不可能熟识，但他说话的架势就像两人是多年的知己。多年来，他一直与知名人士交往。我认为他是一个虚荣的人，他满意地观察到了他们的荒谬之处。在我看来，他把这群人塑造得比实际有趣多了。

---

① 即阿尔加侬·查尔斯·斯温伯恩（Algernon Charles Swinburne，1837—1909），英国诗人、剧作家、文学评论家，以音调优美的抒情诗最为闻名，并发明了一种小节形式的抒情诗。
② 即珀西·比希·雪莱（Percy Bysshe Shelley，1792—1822），英国浪漫主义诗人、作家、小说家。

第 2 章
普通人

我一直惊讶于许多人对遇见名人的热忱。你可以通过告诉朋友你认识名人从而获得声望，可这只能证明你自己的地位很低。名人们开发了一种与他们遇到的人打交道的技巧。他们向世界展示的是面具，通常令人印象深刻，从而隐藏真实的自己。他们扮演着人们期望他们扮演的角色，并不断磨炼演技，但如果你认为他们的公开表演与内心的想法一致，那就太愚蠢了。

我一直深深地依恋着几个人。但我对男人感兴趣并不是为了他们本人，而是为了我的工作。我并没有像康德所要求的那样，将每个人都视为他自己，而是将其视为对我作为一名作家可能有用的材料。比起名人，我更关心那些默默无闻的人。更多时候，他们都扮演自己。他们既不需要创造一个人物来保护自己不受世界的影响，也不需要给世界留下深刻印象。他们更多地在有限的活动圈子里发展，而且，由于他们从未出现在公众视线中，所以从未想过自己有什么要隐瞒的。他们大方地展示自己的古怪之处，因为他们从未意识到自己有何古怪。毕竟到头来，我们作家必须面对的还是普通人。从我们的角度来看，国王、独裁者、商业巨头都不尽如人意。对于作家来说，描写这些人很有吸引力，但也很冒险，许许多多作家努力过后的失败经验表明，这些人太过特殊，无法为一件艺术作品奠定适当的基础。他们无法成为现实。平凡才是写作材料更丰富的领域。它的出乎意料、奇异性和无限多样性，都为写作提供了无尽的素材。伟人往往在各方面具有相同特质，而普通人是一堆相互矛盾的元素。他们取之不尽，用之不竭，他们会源源不断地给你带来惊喜。就我而言，宁愿在荒岛上和一位兽医待一个月，也不愿和一位首相待这么久。

第 3 章
初衷

在这本书中，我将试着去整理我这一生中最感兴趣的主题以及我对它们的想法。但我得出的这些结论在我的脑海中胡乱漂荡，就像一艘沉船残骸在躁动的大海中随波逐流。在我看来，如果我把它们按某种顺序摆放，我应该更清楚地看到它们的真实情况，从而使它们具有某种连贯性。长期以来，我一直认为我应该做出这样的尝试，并且不止一次地下定决心开启一段持续几个月的旅程。眼下这个时机似乎很理想。但我发现，我被太多的印象所困扰，我看到了太多奇怪的事情，遇到了太多激发我想象力的人，以至于我根本没有时间反思。那一刻的经历是如此生动，以至于我无法调整自己的思想去反思。

我也很厌烦总是以自己的视角去表达自己的想

法。因为尽管我从这个角度写了很多东西，但我是作为一名小说家而写作的，因此在某种程度上能够将自己视为故事中的一个角色。长期的习惯使得我更容易通过塑造的角色来表达自己的观点。比起自己，我反而能更容易地决定他们的想法。这件事对我来说一直很愉快。还有就是，我总是偷懒拖延。但现在我不能再拖延了。年轻时，岁月是那样漫长，你很难感知到它的流逝，即使到了中年，在这个没什么盼头的年代，也很容易找到借口来拖延自己本该做但不想做的事情。但最终，我们还是要面临死亡。我们知道所有人都不过是血肉之躯（苏格拉底是人，因此，大家都是如此），但对我们来说，这只不过是一个逻辑前提，直到我们被迫认识到，在日常生活中，我们离自己的结局没那么遥远。偶尔浏览一下《泰晤士报》的讣告专栏，我会发现六十多岁的人已经很危险了。我一直认为，在写这本书之前就去世会让我很恼火，所以我最好马上开始动笔。当我完成它的时候，我可以平静地面对未来，因为我已经完成了我一生的工作。我再也无法说服自己还没有准备好写这本书，因为如果时至今日我还要找理由回避生命中重要的事，那以后我也不可能做到了。我很高兴，我终于把这些长期以来在我意识的各个层面上随意飘浮的想法收集起来了。等我把它们都写下来，我再也不需要时时刻刻把它们挂在心上，可以卸下负担去思考别的事情了。因为我希望这不是我要写的最后一本书。一个人不会在立下遗嘱后立即死去，写遗嘱只是一种预防措施。未雨绸缪当然是很好的，这样就可以不用担心未来了。当我写完这本书时，我就会知道自己的立场了。在剩下的岁月里，我就可以随心所欲了。①

---

① 毛姆于1938年写完本书时已经六十四岁，他在之后的岁月里仍保持着极高的创作热情和创造力，其中就包括他的长篇小说代表作之一《刀锋》（*The Razor's Edge*，1940年）。

第4章
取材标准

　　毫无疑问，我应该会在书中说很多我以前说过的话。这就是为什么我给本书取名为《总结》。当法官总结案件时，他会重述提交给陪审团的事实，并对律师的发言发表评论，他不会提供新的证据。既然我已经把我的一生都写进了书中，我要说的很多话自然会在书中找到一席之地。在我的兴趣范围内，基本上所有主题都或多或少地接触过。现在我所能做的就是把自己的感受和观点连贯地描绘出来。也许在适合小说和戏剧的有限范围内，我可以时不时地更详细地陈述一些我的想法。

　　这本书一定是以我自己为中心出发的。本书是关于某些对我来说很重要的话题，也是关于我自己，因为我认为它们已经对我产生了影响。但这与我曾经的所作所为无关。我不想完全坦露心迹，毕竟我不想与读者之间有太过亲密的关系。有些事情我更愿意保留隐私，没有人能说出关于自己的全部真相。对于那些想要向世界展露自己的人，他们感受到的阻力并非只是虚荣作祟。他们对自己的失望、对自己能超脱平常的惊讶，让他们过分关注于其实比他们想象的更普通的事情。卢梭在《忏悔录》中讲述了深刻震撼人类情感的事件。通过如此坦率直接的描述，他伪造了自己的价值观，因此这些价值观在书中的重要性远超实际生活。这些事件只是生活中的冰山一角，而生活中的绝大部分事件被他所忽略，因为它们太普通了，似乎不值得被记录下来。有一种人，他们不注意自己做的好事，却被自己做的坏事不断折磨。这类作家就总是描写自己。他们忽略了自己的优秀品质，因此显得软弱、无原则、恶毒。

第 5 章
"我"

　　我写这本书是为了让灵魂摆脱某些观念，这些观念在我的灵魂中徘徊太久，让我感到不适。我并不想说服任何人。我这个人缺乏教育的本能，当我知道一件事时，从来没有想过要把它传授给别人。我不太在乎人们是否同意我的观点。当然，我认为自己是对的，否则我不会这么去想，就算别人错了，但他们错了并不会冒犯到我。当我发现自己的判断与大多数人的判断不一致时，也不会感到非常不安。我对自己的直觉还是挺有信心的。

　　我必须把自己当成重要人物来写作。事实上，我也确实是，至少对我自己来说是如此。在我眼里，我就是世界上最重要的人。不过有一点我并没有忘记，姑且不提"绝对"这种宏大的概念，只从常识的角度来看，其实我根本无关紧要。如果我不存在的话，对宇宙的影响微乎其微。尽管我在写作时认为我的某些作品必须具有重要意义，但我的意思是，对我来说，这些作品只是为了进行某些讨论，在讨论中我可能有机会提及它们。我认为很少有严肃的作家——我指的不仅是严肃作品的作者——能够对自己死后作品的命运完全漠不关心。其实，这么想十分令人宽慰，一个人不可能实现不朽（不管怎样，文学作品的不朽都会持续几百年，而之后就很少有能比得上一间学校教室的），但一个人的作品可以被几代人饶有兴趣地阅读，并在一个国家的文学史上占有一席之地，无论其多么渺小。然而就我而言，我对这种可能性持怀疑态度。因为在我的这段人生中，我已经看到过那些在文字世界中比我任何时候都更轰动的作家最后却被人淡忘。在我年轻的时候，乔治·梅雷迪思[1]和托马斯·哈代[2]如日中天，流芳百世似乎已经板上钉钉了，可对今天的年轻人来说，他们已经不再有什么意义了。毫无疑问，年轻人会时不时地找到一位评

---

[1] 乔治·梅雷迪思（George Meredith, 1828—1909）：英国维多利亚时代的小说家、诗人，出生于一个裁缝家庭，一生写有二十多部小说和许多诗歌。

[2] 托马斯·哈代（Thomas Hardy, 1840—1928）：英国诗人、小说家，代表作有《还乡》（The Return of the Native）、《德伯家的苔丝》（Tess of the D'Urbervilles）等。

论家，寻找一个主题来写一篇关于他们的文章，这可能会让各地的读者心血来潮，在图书馆里找到他们的书姑且一读。但我认为，很明显，他们都没有写出任何可以与《格列佛游记》《项狄传》或《汤姆·琼斯》相提并论的作品。

在下文中，如果我在表达时太过教条主义，那只是因为我觉得用"我想"或"我的想法"来限定每个短语很无聊。我所说的一切只是我自己的意见，读者既可以接受，也可以离开。如果他有耐心阅读下面的内容，会发现只有一件事是我可以确定的，那就是几乎没有什么是可以确定的。

第6章
我的家人一直从事法律工作

当我开始写作的时候，我觉得它像世界上最自然的事情。我喜欢它就像鸭子喜欢水一样。至今我还未从成为作家的震惊中缓过来。除了一种不可抗拒的倾向，我似乎没有任何理由成为这样的人，但我又不明白为什么我会有这样的倾向。一百多年来，我的家人一直从事法律工作。根据《英国人物传记辞典》记载，我的祖父是法团律师协会的两位创始人之一，在大英博物馆图书馆的目录中有一长串他的法律作品。他只写了一本不是这种类型的书，是他给当时的实体杂志投稿的散文集，他恪守礼仪，匿名发表了这本散文集。曾经我把这本书捧在手里过，是一本用小牛皮装订的漂亮的书，但我从来没有读过，从那以后，我再也没能拿到一本。我也很希望能拥有这本书，因为也许我可以从中了解他究竟是怎样的一个人。多年来，他一直住在大法庭巷，因为他是自己所创立的协会的秘书。当他退休搬到肯辛顿戈尔俯瞰公园的一所房子里时，他得到了一个托盘、一套茶具、一套咖啡用具，以及一个银制的分层饰盘，这东西实在太大、太浮夸，后辈们都很讨厌它。我小时候相熟的一位老律师告诉我，作为一名实习职员，他曾被邀请和我祖父一起吃饭。当时，我祖父切了牛肉，然后一个仆人递给他一盘没削皮的烤土豆。没有什么比土豆皮更好吃的了，里面吸收了很多黄油、胡椒和盐，但显然我祖父不这么认为。他站在桌子前面的椅子上，把土豆一个接一个地从盘子里拿出来，一个个朝墙上的每幅画扔去。然后他一声不吭地坐了下来，继续吃晚饭。我问我的朋友这种行为对餐桌上的其他人有什么影响，他告诉我谁也没敢抬头看。他还告诉我，我的祖父是他见过的最丑的小个子男人。有一次，我去了大法庭巷的协会大楼，要亲眼看看他是否真的那么丑，因为那里有他的画像。如果老先生说的是真的，那画家这个马屁就拍得过分了。画家在他黑色的眉毛下给了他一双非常漂亮的黑眼睛，里面闪烁着淡淡的讽刺意味；结实的下巴、笔直的鼻子和微微噘着的红唇；他的深色头发被风吹得和安尼塔·卢斯小姐[①]的一样得体；他手里拿着一根羽毛笔，旁边有一堆书，毫无

---

① 安尼塔·卢斯（Anita Loos，1888—1981）：美国女编剧、制片人、演员、导演。

疑问是他自己写的；尽管他穿着黑色外套，但他看起来并不像我以为的那样体面，反而有点俏皮。许多年前，当我销毁我一位叔叔（他的一个儿子）的文件时，偶然发现了十九世纪初我祖父在年轻时写的日记，当时他来了一次我觉得应该称之为"小环游"的旅行，他去了法国、德国和瑞士。我记得，当他描述莱茵河在沙夫豪森那条不怎么壮观的瀑布时，他向全能的上帝表示感谢，因为在创造"这条了不起的大瀑布"的过程中，上帝给了"自己治下的可怜生物一个机会，让它们意识到，与他造物的浩瀚相比，它们有多么渺小"。

第 7 章
父母往事

　　我的父母在我很小的时候就离世了，母亲在我八岁的时候离开人世，父亲在我十岁的时候也去世了，所以除了道听途说，我对他们知之甚少。不知道为什么，我的父亲去了巴黎，除非他像自己的儿子一样，也被这种对未知事物的不安所吸引，总之，他成了英国大使馆的律师。他的办公室就在大使馆对面的圣奥诺雷市郊路，但他住在当时被称为德安丁大道的地方，那是一条宽阔的街道，两边都是栗子树，与圆形广场相接。在那些日子里，他是一位小有名气的旅行者。他去过土耳其、希腊和小亚细亚，在摩洛哥去过费兹，要知道，当时很少有人去过那里。他收藏了规模可观的旅行书籍，德安丁大道的公寓里摆满了他带回的东西，比如塔纳格拉小雕像、罗兹陶器和装饰华丽的银柄土耳其匕首。他在四十岁时娶了我的母亲，她比我父亲小二十多岁。我母亲是个非常漂亮的女人，可父亲长得有些丑陋。有人告诉我，在当时的巴黎，他们被称为"美女与野兽"。母亲的父亲曾在军中服役，后来在印度去世，他的遗孀，也就是我的外祖母，挥霍了一大笔财富后，在法国定居下来，靠养老金生活。我猜想她是一个很有个性的女人，也许还有一些天赋，因为她既会用法语写供少女阅读的小说，也为客厅民谣创作过音乐。我倾向认为这些小说和民谣是供奥克塔夫·费埃①笔下出身高贵的女主角们欣赏的。我有一张她的照片，照片里的她是一个穿着裙子的中年女人，有一双漂亮的眼睛，看起来神态愉快，但也显得雷厉风行。

我的母亲身材瘦小，有一双棕色的大眼睛和一头浓郁的红金色头发，五官精致，皮肤细腻。她非常受人仰慕。她的一个好朋友是安格尔西夫人，她是一位美国妇女，不久前因高龄去世。她告诉我，她曾对我母亲说："你太漂亮了，有这么多人爱慕你，为什么要忠于你嫁的那个丑陋小男人？"我母亲回答说："他从来没有伤害过我的感情。"

我见过的她唯一的一封信是我在叔叔去世后翻阅他的文件时偶然发现的。叔叔是一名牧师，母

---

① 奥克塔夫·费埃（Octave Feuillet, 1821—1890）：法国小说家、剧作家。

亲请他做自己一个儿子的教父。她非常简单且虔诚地表示，她就是希望叔叔的圣职会对这个新生的孩子产生正面影响，让他长大后成为一个善良、敬畏上帝的人。她也爱读小说，在德安丁大道公寓的台球室里放着两个大书柜，里面装满了陶赫尼茨版书籍①。她患有肺结核，我还记得以前有一排驴子停在家门口给她提供驴奶，当时人们认为驴奶对这种疾病有益。夏天，我们常常在多维尔租住一所房子，当时那里不是一个时尚的地方，而是一个小渔村，被更现代化的特鲁维尔夺去了所有的风头。在她生命的尽头，我们在波城度过了冬天。有一次，她躺在床上，我想应该是刚经历了大出血后，她知道自己活不了多久了，她突然想到，她的儿子长大后不会记得她生前是什么样子，所以她叫来女仆帮她穿上白缎晚礼服，去了摄影师家。她有六个儿子，最后却死于难产。那个时期的医生有一个理论，认为生孩子对患有肺病的女性有益。她去世时才三十八岁。

　　母亲死后，她的女仆成了我的保姆。在那之前，我曾有法国保姆，平时上的也是一所法国儿童学校。当时我的英语水平一定很低。有人告诉我，有一次，当我看到一匹马从火车车厢的窗户里探出

① 陶赫尼茨是德国老牌印刷出版商，以印制古典文学版本而出名。

头时，我用法语喊道："看呀，妈妈，有匹马。"

我认为我的父亲有一种浪漫情怀。他突发奇想，要盖一栋房子在夏天避暑住，于是就在苏雷讷的一个山顶上买了一块地。平原上景色壮丽，远处就是巴黎。有一条路通往山下河边，河边有一个小村庄。房子建成后，像博斯普鲁斯海峡上的一座别墅，顶层被凉亭包围。每个星期天，我都会和他一起乘坐一艘塞纳河的游艇，去看房子的建造进展。屋顶落成后，父亲买了一对古董火钩子来装饰它。他订购了大量玻璃，上面刻着他在摩洛哥发现的凶眼护符①的标志，读者可以在这本书的封面上看到。那是一栋白色的房子，百叶窗被漆成了红色。花园修剪好了，房间也都布置好了，然而我父亲却去世了。

---

① 通常被描绘成一颗丰富的蓝色圆形珠子，中心有一个黑点，周围环绕着白色和浅蓝色，类似眼睛的形状。据说可以抵御邪恶，特别是在土耳其文化中。

第 8 章

迟来的英文课

　　我从法语学校被带走，每天都去大使馆附属教堂的英国牧师公寓上课。他教我英语的方法是让我大声朗读《标准报》上的警察法庭新闻，我仍然记得我在巴黎和加莱之间的火车上读到一起谋杀案的可怕细节时，那种冷汗直冒的恐惧感。那时我差不多九岁。长期以来，我一直拿不准英语单词的发音，我从未忘记在预备学校①时，我把"变幻无常"（unstable as water）中的"unstable"这个词读得像"dunstable"，全班同学哄堂大笑，令我尴尬不已的情景。

　　我这辈子绝对没有上过两节以上的英语课，因为尽管我在学校写过文章，但我不记得自己受到过

---

① 英国专门为男女学生升入公学做准备的收费制学校，初建于十九世纪，其收费标准高，较为贵族化。

任何关于如何组合句子的指导。就算我上过这两节课，也是在很晚的时候了，恐怕我不能指望从中受益匪浅。第一次是在几年前。我在伦敦待了几个星期，并聘请了一位年轻女性担任临时秘书。她很害羞，很漂亮，正沉浸在与一个已婚男人的恋爱中。我刚写了一本名为《寻欢作乐》的书，一个星期六的早上，打字稿到了，我问她是否能把稿件带回家并在周末校对。我的本意只是想让她记下打字员可能犯的拼写错误，并指出由不容易辨认的笔迹引发的错误。但她是一个认真负责的年轻人，她对我的态度比我预想的要真诚。周一早上，当她带回打字稿时，还附上了四张一目了然的更正表。我必须承认，乍一看，我有点恼火。但后来我想，她费了那么大工夫，我若不从中获益似乎有些愚蠢，所以我坐下来检查了一下。我想这位年轻女士八成在一所秘书学院深造过，她有条不紊地读完了我的小说，就像她的老师检查她的论文一样。整整四页的更正表中充满了精辟而严厉的评论。我不得不猜测，秘书学院的英语教授肯定不会拐弯抹角。他画了一条标准线，这是毫无疑问的；他不允许别人在任何事情上有两种意见；他的好学生不允许句子末尾出现介词，通过感叹号表示她不赞成使用口语化的短语。她还有一种看法，同一个词不能在同一页上用两次，每次发现她都用同义词代替。如果我放松自己，偶尔写出一个十行的句子，她会标注道："写清楚一点。最好把它分成两个或多个句子。"当我利用分号表示自己觉得不错的停顿时，她标注道："请用句号。"如果我冒险用冒号，她会尖刻地说："过时了。"但最严厉的是她对我自认为相当不错的笑话的评论："你确定这是事实吗？"综合来看，我肯定会得出结论，她所在学院的教授不会给我很高的分数。

我上的第二节课是由一个既睿智又迷人的老头儿上的，我批改自己另一本书的打字稿时，他恰好和我在一起。他出于礼貌，主动提出愿意读一读。我有些犹豫，因为我知道他向来以一个很难达到的卓越标准来评判。尽管我知道他对伊丽莎白时代的文学有着深刻了解，但他对《伊丝特·沃特斯》①的过度钦佩让我怀疑他对我们这个时代的作品的洞察力——因为但凡对十九世纪的法国小说有着深入了解的人，都不会对这部作品推崇有加。但我急于修改这本书，我希望能从他的批评中受益。事实上，他的评价还是很宽容的。那些评价特别引起我兴趣的原因在于，我推断这就是他处理大学生作文的方式。我认为，我的这位导师对语言有着与生俱来的天赋，这是他的职责与热情所在。在我看来，他的

----

① 《伊丝特·沃特斯》（*Esther Waters*）：爱尔兰作家乔治·摩尔（George Moore, 1852—1933）的代表作。

品位无可挑剔。他对单个词汇所具备的力量的坚持让我印象深刻。他喜欢更有力的词，而不是委婉的词。举个例子，我曾写过一尊雕像将"被放置"在某个广场上，他却建议我改成：雕像将"屹立"在广场上。我没有这么写是因为受不了押头韵①。我还注意到他有一种感觉，即单词不仅应该用来平衡句子，还应该用来平衡一个想法。这很合理，因为如果一个想法突然被提出，可能会失去应有的效果。但这个问题就比较微妙了，因为它很可能会导致措辞不当。这时，了解舞台对话应该有所帮助。演员有时会对编剧说："你能在这次对话中再给我加一两个词吗？要是就这么草草地结束了，感觉这话听着没什么意思。"当我听着这位导师的评论时，不禁想，如果我在年轻的时候，能得到这样明智、大度和友善的建议，现在我应该会写得更好。

---

① "雕像将屹立"（the statue will stand）中的"statue"和"stand"押头韵。

第 9 章
繁与简

事实上，绝大多数的时候，我不得不自学。我读过我在年少时写的故事，本想看看有没有什么是在我刻意打磨雕琢出来之前就已存在于天赋中的璞玉。我年少时行文有一种傲慢，经过岁月的洗礼，或许已不复存在；还有一种暴躁，这是天性的缺陷。但现在我所说的只是我想表达自己的方式。在我看来，我似乎天生拥有一种清晰通畅的风格和写出轻松对话的技巧。

当时的著名剧作家亨利·阿瑟·琼斯①读了我的第一部小说后，他告诉一位朋友，等时机成熟，我应该会成为最成功的剧作家之一。我想他从中看到了直接简单的风格和一种呈现一个场景的有效方

---

① 亨利·阿瑟·琼斯（Henry Arthur Jones，1851—1929）：英国戏剧家，其剧作对英国社会的保守思想和上流社会的习惯势力有所嘲讽。

式，可以让人有一种身处剧场的感觉。我的语言很普通，词汇量有限，语法不稳定，短语用法陈腐。但写作是一种本能，对我来说，它就像呼吸一样自然，我没有停下来考虑过我写的是好还是坏。直到几年后，我才意识到这是一门精致的艺术，必须付出辛劳才能习得。这一发现是由于我很难让自己的意思跃然纸上，才被迫了解到的。我把对话写得很流利，但当谈到一页描述时，我发现自己陷入了各种困境。我会为两三句话而挣扎几个小时，无论如何都无法厘清。我下定决心要自学写作。不幸的是，没有人能够帮助我。我犯了很多错误。如果有人像我刚才所说的那个迷人的老头儿一样引导我，我可能会节省很多时间。这样一个人可能会告诉我，我所拥有的天赋是朝着某一个方向发展的，必须朝着这个方向去培养，不要把时间浪费在没有天赋的事情上。但在那个时候，华丽的散文才是宠儿。丰富的质感是通过珠光宝气的短语和充满异国情调的句子来达成的：这种风格的理想状态就是用黄金堆叠出厚重的织锦，它自己就能立起来。聪明的年轻人满怀热情地阅读沃尔特·佩特①的著作。我的常识告诉我，这都是缺乏内涵的东西，在那些精心设计的优雅的辞藻背后却是疲惫、苍白的精神。

---

① 沃尔特·佩特（Walter Pater，1839—1894）：英国文艺批评家、作家，提倡"为艺术而艺术"的英国唯美主义运动的理论家和代表人物之一。

我年轻，精力充沛。我想要新鲜的空气、行动、力量，我发现自己很难享受到那种死气沉沉、香气满溢的氛围，坐在那些安静的房间里，连低声说话都被认为不礼貌，我受不了这种氛围。但我不会听从我的常识。我说服自己，这是文化的高度，并对外面那个人们满口污言秽语、装疯卖傻、撒泼打滚儿的世界嗤之以鼻。我读过《意图集》和《道林·格雷的画像》。我陶醉于《莎乐美》书页上密密麻麻的奇妙文字的色彩和珍奇。[1]我对自己词汇量的贫乏感到震惊，于是带着铅笔和纸去了大英博物馆，记下了罕见珠宝的名字、古老珐琅的拜占庭色调、各式纺织品给我带来的感官感受，并精心造句将它们放进去。幸运的是，我一直找不到使用它们的机会，它们就躺在一本旧笔记本里，随时准备给任何有心写废话的人取用。当时人们普遍认为，《圣经》的授权版本是英语创作出的最伟大的散文。于是我认真阅读，尤其《所罗门之歌》，记下让我印象深刻的短语，列出不寻常或美丽的单词，以备将来使用。我学习了杰里米·泰勒的《神圣的死亡》。为了吸收他的风格，我把段落摘抄出来，然后试着把它们记下来。

---

① 这三部都是奥斯卡·王尔德（Oscar Wilde, 1854—1900）的作品。奥斯卡·王尔德是出生于爱尔兰的英国文学家、唯美主义代表人物、颓废派运动先驱，他的作品洋溢着机智的风趣，其名言警句至今流传不息。

这种努力的第一个成果是一本关于安达卢西亚的小书，名叫《圣母之地》。前几天，我还特意重读了其中的部分内容。现在我对安达卢西亚的了解比当时要多得多，其实我笔下的很多想法已经变了。由于它一直在美国进行小规模的销售，我突然想到它可能还是值得改上一改的。但我很快意识到这不太可能。写这本书时的我与现在的我判若两人。它已经引不起我的兴趣，让我无法专心。但我关注的是散文，因为这是我写作的一种风格练习。它里头充满渴望、暗示和精心的设计。它表现得既不从容，也不自然。它散发着温室植物和周日晚餐的味道，就像从贝斯沃特一所豪宅中与餐厅相连的花房里的空气。里头有很多优美的形容词，辞藻伤感。它并不能令人想起拥有华丽金色雕线图案的意大利织锦，而是一块由伯恩–琼斯[①]设计并由莫里斯[②]制作的窗帘材料。

---

① 即爱德华·伯恩–琼斯爵士（Sir Edward Burne-Jones，1833—1898），英国画家、彩色玻璃和马赛克设计师，其作品是当时统治英格兰的浪漫主义流派的代表。

② 即威廉·莫里斯（William Morris，1834—1896），英国设计师、诗人、工匠，他设计、监制或亲手制作的家具、纺织品、花窗玻璃、壁纸以及其他各类装饰品引发了工艺美术运动，一改维多利亚时代以来的流行品位。

第 10 章

写作的目标

　　我不知道是潜意识认为这种写作违背了我的意愿，还是天生有条不紊的性格使然，导致我把注意力转向了奥古斯都时期①的作家。斯威夫特②的散文让我着迷。我认定这是一种完美的写作方式，于是我开始像之前对待杰瑞米·泰勒一样研究他。我选择了《木桶的故事》。据说，院长在晚年重读这本书时曾感叹："我当时可真是天才！"在我看来，他的天才在其他作品中表现

---

① 奥古斯都时期（the Augustan Period）：十七世纪末到十八世纪早期，当时的作家推崇古希腊和古罗马时期的古典文学。这一时期的代表人物有下文提到的斯威夫特、德莱顿、蒲柏等。

② 即乔纳森·斯威夫特（Jonathan Swift，1667—1745），英国作家、政治家，代表作有《格列佛游记》（*Gulliver's Travels*）、《木桶的故事》（*A Tale of a Tub*）等。

得更明显。这是一则不咸不淡的寓言，讽刺十分肤浅。但其行文风格令人钦佩，我无法想象有人能用英语写出更好的句子了。这里没有华丽的句子、奇妙的措辞或夸张的形象，这是一篇真正高品位的散文，自然、谨慎，却又尖锐，没有试图用华丽复杂的辞藻来引人注目。看样子，斯威夫特似乎把第一个想到的单词凑合着就用了，但由于他有一个敏锐且逻辑清晰的大脑，所以它总是正确的，他把它放在了正确的地方。他的句子之所以有力且平衡，是因为他有着细腻的品位。正如我之前所做的那样，我复制了一些段落，然后试着用记忆把它们重新写出来。我试着改变单词或它们的排列顺序。我发现唯一可行的单词就是斯威夫特使用的单词，而他放置这些单词的顺序也是唯一可行的顺序。这是一篇无可挑剔的散文。

但"完美"有一个严重的缺陷：很容易变得乏味。斯威夫特的散文就像一条以白杨树为边界的法国运河，缓缓流过一个典雅优美而地势起伏的国家。它宁静的魅力让你满足，但它既不会激发情感，也不会激发想象力。你读着读着，发现有点无聊。因此，尽管你可能能很欣赏斯威夫特的敏锐、简洁、自然、不做作，但过一段时间，你会发现自己的注意力会转移，除非你对他的主题特别感兴趣。我想，如果我有时间再来一次，我会像仔细研究斯威夫特的散文一样去研究德莱顿[1]的散文。可惜的是，我是在失去了花费那么多工夫刻苦钻研的精神后，才了解到他的作品的。德莱顿的散文很有意思，它既没有斯威夫特的完美，也没有艾迪生的轻松优雅，但它有一种春天般的欢乐，一种轻松的闲聊家常的感觉，一种愉快的情感流露，令人着迷。德莱顿是一位非常优秀的诗人，但人们并不普遍认为他具有抒情的品质。奇怪的是，在他柔和的散文中散发出来的却正是这种特质。在英国，以前从未有人这样写过散文。在他之后，也很少有人这样写。德莱顿在一个蓬勃发展的时期绽放光芒，他骨子里有着詹姆斯一世的力量感和巴洛克式的厚重感，在他从法语中学到的灵活而有教养的韵律的影响下，他把它变成了一种工具，不仅适合庄严的主题，而且可以表达瞬息之间的轻松思考。他是洛可可风格的第一位艺术家。如果斯威夫特让你想起了一条法国运河，德莱顿便会让你回忆起一条英国河流，它欢快地绕过山丘，安静地穿过繁忙的城镇和环抱的村庄，现在停在一个壮阔的河段，然后气势磅礴地流经一片林野乡间。它鲜活、多变、随风飘动，带着英国那种令人愉快的户外露天气味。

---

[1] 即约翰·德莱顿（John Dryden，1631—1700），英国诗人、剧作家、文学批评家，1668年被封为"桂冠诗人"。

我下的功夫自然对我大有裨益。我写得更好了，但仍然不够，还是太僵硬刻意，我试图在句子中加入一种模式，可到头来发现根本看不出什么模式。我极力注意自己的措辞，却没有意识到十八世纪初看来自然的语序，到了我们这个时代却成了异类。我试图以斯威夫特的方式写作，结果根本不可能达成那种既自然又精准的效果，而这正是我非常钦佩他的地方。然后我写了很多剧本，专注对话的创作。直到五年过去后，我才重新开始写小说。到那时，我再也没有成为一名文体大家的雄心壮志了。我把所有关于优秀写作的想法都放在了一边。我想以一种尽可能朴实无华的方式写作，不带任何语言修饰。我有太多话要说，我浪费不起哪怕一个字。我只想陈述事实。开始的时候，我就给自己定了个根本不可能达成的目标：写作的时候不用一个形容词。我想，如果你能找到确切的词汇，其限定的描述词就可以省去了。按照我的想象，我的书看起来会像一封非常长的电报，为了经济起见，只有把每一个不必要的单词都删掉，才能让意思变得清晰。自从我校正校样后，我就再也没有读过它，也不知道我离完成目标有多近。我的印象是，现在我写的比以前写的任何东西都更自然。但我确信这本书绝对漏洞百出，而且我敢说里面有很多语法错误。

从那以后，我写了很多其他的书。尽管我停止了对老一辈大师们整体系统的学习（因为我实在是力不从心），但还是不断努力，努力写得更好。我发现了自己的局限性，在我看来，唯一明智的事情就是尽我所能做到最好。我知道我没有抒情的天赋。我的词汇量很少，就算我再去想办法扩大词汇量，也只是收效甚微。我几乎没有隐喻的才能。我很少想到新颖而引人注目的比喻，并且天马行空的诗意和强而有力的想象力也都不在我的能力范围内。我很羡慕别人能在作品中把这些东西信手拈来，正如我佩服他们牵强的比喻和不同寻常但极具暗示的语言一样，他们用这种语言来掩饰自己的思想，但我自己的创作从未给我带来这样的效果。另外，我有敏锐的观察力，在我看来，我可以看到很多其他人错过的东西。我可以清楚地用文字表达出我所看到的东西。我有一种逻辑感，即使对丰富和奇妙的文字没有强烈的感觉，但无论如何，我都能生动地欣赏它们的声音。我知道我永远不可能写得像我希望的那样好，但我想，只要刻苦练习，不断训练，我还是能在天赋缺陷的影响范围下，做到自己的极致的。经过思考，我觉得我必须以清晰、简洁和悦耳为目标，我把这三种品质按我赋予它们的重要性进行了排序。

第 11 章
论清晰

对于那些需要读者费一番工夫才能理解他们意思的作家，我向来没什么耐心。你且看那些伟大的哲学家就会发现，他们往往能清晰准确地表达最为细微的内心感悟。你可能会发现很难理解休谟①的思想，如果你没有受过哲学训练，你当然理解不了其背后深刻的含义。但是，但凡受过一丁点教育的人，读懂这句话在说什么肯定不是问题。很少有人的英文句子写得能比贝克莱②更优美。在作家身上你会发现，晦涩难懂也有两种模式：一种是由于疏忽，另一种就是刻意为之了。人们常常写得晦涩

---

① 即大卫·休谟（David Hume, 1711—1776），英国哲学家、经济学家、历史学家，被视为苏格兰启蒙运动以及西方哲学史中重要的人物之一。
② 即乔治·贝克莱（George Berkeley, 1685—1753），英国哲学家、主教，近代经验主义的重要代表之一。

难懂，因为他们根本没花工夫去写得清楚些。这种现象在现代哲学家、科学界人士甚至文学评论家身上经常出现。这里确实很奇怪。你可能会认为，这些人半辈子都在逐字逐句研究文学大师的作品，对语言的美会足够敏感，即使写得不漂亮，也会写得很清楚。然而，他们的作品中随处可见这种现象，你必须读两遍才能理解其中的意义。通常你只能靠猜，因为作家们显然没有表达出他们的意图。

晦涩难懂的另一个原因是连作者都不太确定自己的意思。他只是对自己想说的话有一个模糊的印象，但由于脑力不足或根本就是懒惰，他的脑海中无法形成清晰的概念，那么自然而然地，他也不可能把一个还未成型的想法清楚地表达出来。这在很大程度上是因为许多作家不是在写作之前思考，而是在写作时才思考，指望自己能"下笔如有神"。这样做的缺点是，其实诉诸笔端的文字中有一种魔力，而作者必须时刻警惕这种危险。虽然一个想法呈现出了可见的性质，可这样反而阻碍了它呈现自己最清晰的本质。不过这一类晦涩难懂会很容易被归类到刻意为之的那一类作家中。还有部分没有预先想清楚的作家，甚至倾向认为他们的想法比乍看之下有着更深刻的含义。要是以为他们的思想就是因为太过深刻才无法清楚地表达出来，让跑着步的人也看得明白，这反而会让他们沾沾自喜，所以自然而然地，这些作家也不会想到自己错在没有思虑周全，自己的头脑根本没有清晰思考的能力。在这里，文字的魔力再次显现。普通人很容易说服自己，觉得自己不太理解的短语八成含有什么深刻的意义。到了这个地步，距离养成这种把自己的模糊印象写下来的习惯，就只有一步之遥了。人们发现，反倒是傻瓜经常能看透这种模糊的表达，挖掘其背后的含义。

还有另一种刻意为之的晦涩难懂是把自己伪装成一副高高在上、生人勿近的模样。作者将自己的意思包裹在神秘之中，这样粗俗鄙陋之人就不会参与其中。他的灵魂像一个秘密花园，只有在克服了一些艰难险阻后，当选者才能进入其中。但这种晦涩难懂不仅是装腔作势，也显得目光短浅。因为时间会和它玩一个奇怪的把戏。如果这个想法本身没什么实质含义，那假以时日，它就会变成一堆既没人想读也没有意义的措辞组合。这就是那些被纪尧姆·阿波利奈尔①的例子所诱惑的法国作家的命运。但偶尔它会对看似深刻的东西投下尖锐的冷光，从而揭示了这样一个事实，即这些晦涩难懂的语言掩

---

① 纪尧姆·阿波利奈尔（Guillaume Apollinaire，1880—1918）：法国著名诗人、小说家、剧作家和文艺评论家，其诗歌和戏剧在表达形式上多有创新，被认为是超现实主义文艺运动的先驱之一。

盖了不值一提的概念。现在看来，马拉美①的诗歌中很少有不清楚的地方。人们难免会注意到，他的思想特别缺乏独创性。他的一些诗句的确很优美，可他的诗歌创作材料都是他那个时代的陈词滥调。

① 即斯特芳·马拉美（Stéphane Mallarmé，1842—1898），法国象征主义诗人和散文家。

第 12 章
论简洁

　　作为行文优点，"简洁"并不像"清晰"那么明显。我之所以追求它，是因为我没有能写得"丰富"的天赋。在有限的范围内，我能够欣赏他人作品的丰富性，尽管我发现过于丰富还是叫我有些难以消化。我可以高兴地读一页罗斯金[①]的作品，但读上二十页就开始受不了了。那些源源不断的长句，庄严高尚的形容词、富有诗意联想的名词、赋予句子重量和华丽的从句就像无垠大海中惊涛骇浪般的宏伟。毫无疑问，这一切都有一些鼓舞人心的东西。这样串在一起的语句落在耳朵里有种音乐般的美感。这种吸引力是感性的，而不包含智慧。声音的美妙让你很容易得出结论，你不必烦恼其背后

[①] 即约翰·罗斯金（John Ruskin，1819—1900），英国作家、艺术家、艺术评论家、哲学家、教师和业余的地质学家。

的意义究竟为何。但单词最喜欢大权独揽，它们的存在即是为了背后的含义，如果你不注意这些，那它们在你眼里就形同虚设。你会禁不住开始走神。这种写作需要一个适合自己的主题。用宏大的风格写一些微不足道的事情肯定不合时宜。要论这种写作方式，肯定没有人比托马斯·布朗①爵士更成功了，但即使是他，也并非总能逃脱这个陷阱。在《瓮葬》的最后一章中，其主体内容，即人类的命运，非常符合巴洛克式语言的辉煌，这位诺维奇医生创作出了一篇在我们的文学历史上从未被超越的散文。但当他以同样精彩的方式描述发现瓮的经过时，效果（至少对我来说）就不那么令人满意了。当一个现代作家夸夸其谈地告诉你一个小妓女是否应该和一个平庸之辈上床时，你觉得反胃才是正常反应。

但是，如果"丰富"的天赋不是人人都有，那"简洁"自然也绝非与生俱来。要做到这一点，需要严格的自律。据我所知，我们的语言是唯一一种人们认为有必要为辞藻华丽的段落冠以名称的语言。除非它本来就很有特点，否则根本没有必要这样做。要说英语散文简洁，不如说是经过了精雕细琢。事实并非总是如此。没有什么比莎士比亚的散

---

① 托马斯·布朗（Thomas Browne，1605—1682）：英国医师、作家、哲学家和联想主义心理学家。

文更生动、更直白、更活灵活现了。但必须记住的是，这些对话写了就是让人演出来的。如果要他像高乃依①一样为自己的戏剧作序，我们也无法预料他到底会怎么写。也许他会像伊丽莎白女王的信件一样用词委婉丰富。但早期的散文，例如托马斯·莫尔爵士②的散文，既不厚重、华丽，也没有雄辩的特征，它带点英国泥土的气息。在我看来，钦定版《圣经》对英语散文产生了非常有害的影响。我并没有愚蠢到否认它的美。它十分庄严肃穆。但《圣经》是一本东方书籍。它的那些异域形象与我们无关。那些夸张、那些感官的隐喻，对我们的天性来说是陌生的。我不得不想，脱离罗马教会给我国的精神生活带来的最大不幸就是这部作品在很长一段时间内成为国民的日常读物，也是许多人唯一的读物。那些韵律、那些有力的词汇、那些浮夸的话语成为民族情感的一部分。朴实无华的英语被填充进了错彩镂金的辞藻。直率的英国人扭着舌头，像希伯来语先知一样说话。很明显，英国人的脾气中有

---

① 即皮埃尔·高乃依（1606—1684），十七世纪上半叶法国古典主义悲剧的代表作家之一，被称为法国古典主义戏剧的奠基人，与莫里哀、拉辛并称为法国古典戏剧三杰。

② 托马斯·莫尔（St.Thomas More，1478—1535）：欧洲早期空想社会主义学说的创始人，人文主义学者、政治家，代表作品《乌托邦》（*Utopia*）。

某种东西与之相适应，也许是天生缺乏精确的思维，也许是天性就喜欢穿红着绿的词语，还是说天生的怪癖就喜欢浮夸修饰，我也说不清。但事实仍然是，从那以后，英国散文不得不与这种奢靡之风做斗争。语言的精神时不时会站起来反抗，就像德莱顿和安妮女王时代的作家们，但它只会再次被吉本[①]和约翰逊[②]博士一类的浮夸炫技所淹没。当英语散文在雪莱和查尔斯·兰姆[③]的巅峰时期恢复了简洁的特质时，在德·昆西[④]、卡莱尔[⑤]、梅雷迪思和沃尔特·佩特的作品中却又一次失去了它。很明显，恢宏的风格就是比平淡的风格更引人注目。事实上，许多人认为一种不会引起注意的风格根本算不上风格。他们会欣赏沃尔特·佩特的作品，但在阅

---

① 即爱德华·吉本（Edward Gibbon，1737—1794），英国历史学家，有"英国启蒙时代文史学之父"之称，其作品《罗马帝国衰亡史》（*The History of The Decline and Fall of the Roman Empire*）影响深远。

② 即塞缪尔·约翰逊（Samuel Johnson，1709—1784），英国作家、文学评论家和诗人。

③ 查尔斯·兰姆（Charles Lamb，1775—1834）：英国散文家、剧作家、诗人，曾任职于东印度公司。

④ 即托马斯·德·昆西（Thomas De Quincey，1785—1859），英国著名散文家和批评家，英国浪漫主义文学代表作家之一。

⑤ 即托马斯·卡莱尔（Thomas Carlyle，1795—1881），苏格兰哲学家、评论家、讽刺作家、历史学家、教师。

读马修·阿诺德①的文章时，却根本不会留意其中的优雅、与众不同和冷静。

"文如其人"这句格言人尽皆知。但它也属于那种看似什么都说了，细想却什么也没说的格言。歌德的人在哪里，在他鸟儿鸣唱一样的歌词中，还是在他笨拙的散文中？哈兹利特②呢？但我想，如果一个人头脑混乱，那他写作起来肯定也乱七八糟；如果他的脾气反复无常，那么他的散文就将异想天开；如果他思维敏捷，手头有一百种写作材料，那么除非他有很强的自制力，否则他的作品肯定整页整页全是隐喻和明喻。詹姆斯一世时代作家的华丽辞藻与吉本和约翰逊博士的浮夸之间有很大区别，前者陶醉于最近被引入语言的新财富，后者则是糟糕理论的受害者。约翰逊博士写的每一个字我都能读得津津有味，因为他有很好的判断力、魅力和智慧。如果不是非要以宏大的风格来写作，本来没人能写得比他好的。他只要一看，就知道什么是写得好的英文作品。没有哪个评论家能比他更恰如其分地称赞德莱顿的文章。他谈到德莱顿时说，除了能够清晰有力地表达自己的想法之外，似乎别无所长

---

① 马修·阿诺德（Matthew Arnold，1822—1888）：英国诗人、评论家，曾任牛津大学诗学教授。

② 即威廉·哈兹利特（William Hazlitt，1778—1830），英国散文家、评论家、画家。

了。在他的《诗人传》中，他用这样一句话结束了自己的一生："无论谁想获得一种熟悉但不粗糙、优雅但不张扬的英国风格，都必须把自己的日日夜夜献给艾迪生的书。"但当他自己坐下来写作时，目的却截然不同。他把浮夸误认为是庄重。他没有良好的教养，没有意识到简洁和自然才最能彰显卓越。

要写好散文，需具有出色的风格。与诗歌不同，散文是一门文明的艺术。诗歌是巴洛克风格的艺术。巴洛克具有悲剧性、宏大性和神秘性。它也是根本，需要深度和洞察力。我不禁觉得巴洛克时期的散文作家、钦定版《圣经》的作者格兰维尔和托马斯·布朗爵士都是迷失方向的诗人。散文是洛可可式的艺术。它需要品位而不是力量，需要得体而不是灵感，需要活力而不是宏伟。对诗人来说，形式就像马的嚼口和笼头，没有它（除非你是杂技演员），你就无法骑马。但对于散文作家来说，它就像汽车的底盘，没了它，汽车就不复存在。洛可可一诞生便有着优雅和温和的风格，最优秀杰出的散文都写于其巅峰时期，这并非偶然。因为洛可可是在巴洛克风格变得高谈阔论，世界厌倦了这种高高在上的东西，转而要求克制的时候演变而来的。这是重视文明生活的人的自然表达。幽默、宽容和理性使十七世纪上半叶关注的重大悲剧问题显得过于严重。这个世界变成了一个更舒适的生活场所，几个世纪以来，有教养的阶层第一次可以坐下来享受休闲。有人说，好的散文应该像一个有教养的人在谈话。只有当人们的思想没有焦虑的重压时，谈话才有可能发生。他们的生活必须相当安全，他们不能对自己的灵魂有任何严重的担忧。他们必须重视文明的进步，必须重视礼貌，必须注意自己的仪容仪表（不是也有人说，好的散文应该像一个穿着得体的人的衣服一样，合乎场景但又不引人注目吗？），他们必须害怕无聊，必须既不轻率、也不庄重，必须总是得体。他们还必须以批判的眼光看待"热情"。这是一块非常适合写散文的土壤。不必奇怪，它为我们现代世界所见过的最好的散文作家伏尔泰的出现提供了一个合适的机会。也许是由于英语的诗意，英语作家很少能达到伏尔泰如此自然的优秀水平。不过话说回来，他们已经达到法国大师们所定义的轻松、冷静和精确的程度，这等成就已经足够令人钦佩。

第 13 章
论悦耳

　　"悦耳"是我提到的三个特征中的最后一个，在你看来，无论它是否重要，它必须依赖你耳朵的敏感度。许多读者和不少令人钦佩的作家都缺乏这种品质。我们知道，诗人总是喜欢使用头韵，他们相信声音的重复会产生一种美的效果。我不认为这个规律适用于散文写作。在我看来，在散文中头韵的使用应该只有一个特殊的原因。要是滥用的话，根本体现不出美感。但它滥用的情况又十分普遍，以至于人们只能假设它的声音并不是所有人都会觉得反感。许多没有这种负担的作家会把两个押韵的词放在一起，把一个长得可怕的形容词和一个长得可怕的名词放在一起使用，或者在一个词的结尾和另一个词的开始之间加上一个读起来能把下巴扭歪的辅音连词。这些都是微不足道且显而易见的例子。我提到它们只是为了证明，如果细心的作家能做这样的事情，那只是因为他们没有耳朵。单词也是有重量、声音和外观的。只有充分考虑到这些因素，你才能写出一个好看又好听的句子。

我读过很多关于英语散文的书，但发现很难从中受益。在大多数情况下，它们都含糊其词，过于理论化，而且经常破口大骂。但福勒[①]的《英语用法词典》绝非如此，这是一部很有价值的作品。不管你写得多好，读此书都能受益。这本书读起来生动形象。福勒喜欢简单、直率和常理，他对自命不凡没有耐心。他有一种良好的感觉，即习语是语言的支柱，他最看重生动形象的用词。他不是逻辑的盲目崇拜者，他愿意在语法的严格要求框架下给予用法以优先权。英语语法很难，很少有作家能避免在语法上犯错误。例如，亨利·詹姆斯这样细心的作家有时也会写出根本不合语法的句子，以至于要是校长在学生的文章中发现这样的错误，会理所当然地感到愤怒。了解语法是必要的，写得合乎语法总比不合乎语法好，但最好记住，语法只不过是约定好的语言公式。用法才是唯一的磨刀石。我更喜欢简单而不做作的短语，而不是符合语法的短语。法语和英语的区别之一是，在法语中，你可以完全

[①] 即亨利·华生·福勒（Henry Watson Fowler, 1858—1933），是一位英国教师，还是词典编纂者、英语用法专家。

自然地使用语法，但在英语中却不一定。英语写作时会遇到一个难题，人的声音主导了印刷单词的外观。我对风格问题进行了大量思考，并付出了巨大努力。我自己写的东西里很少有我认为无须改进的一页，更多的情况是就算我不满意，也只能到此为止，因为就算我再竭尽所能，也无法写得更好了。我不能像约翰逊对蒲柏所说的那样来评价自己："他从来没有因为漠不关心而放过一个错误，也没有因为绝望而放弃。"我不能想怎么写就怎么写，就只能尽我所能写作。

但福勒的耳朵也不好使。他没有意识到，有时简洁会让位于悦耳。在我看来，当一个牵强、过时甚至略显浮夸的词听起来比直白、显而易见的词好时，或者当它给句子带来更好的平衡时，不见得就不能用它。但是，我得赶紧补充一句，尽管我认为你可以毫无顾虑地对悦耳做出这种让步，但前提是不会使你的意思产生误解。最重要的事情就是写得清晰明了。除了可能显得有些枯燥乏味以外，再没有任何理由能反驳清晰和简洁的重要性了。当你考虑到秃头都比戴一顶七扭八歪的假发好得多时，这就是一个非常值得冒的风险了。在追求悦耳的过程中，有一种危险是必须考虑的，那就是它也可能显得很单调。乔治·摩尔开始写作时，他的风格十分糟糕，给你的印象像是他用一支很钝的铅笔在包装纸上写字。但他逐渐发展出了一种非常有音乐性的英语。他学会了用一种朦胧慵懒的感觉去写那些有乐感的句子，这让他非常高兴，且一发不可收。但他也无法再摆脱单调了。这就像海水拍打着海滩上鹅卵石的声音，这种声音如此舒缓，以至于你很快就不再感觉到了；它是如此悦耳，以至于你渴望一些刺耳的声音，渴望一种突然的不和谐来打断这丝般的和谐。我不知道如何防范这种情况。我想，作者最好比读者对无聊更敏感，这样作者就会在读者察觉之前感到厌倦。人们必须时刻注意习惯，当某些韵律太容易出现在笔端时，问问自己，它们是否已经变得机械化了。想要发现一个人习惯用来表达自己的成语在哪里失去了韵味是一件很难的事。正如约翰逊博士所说："一旦刻意形成了一种风格，以后就很少能完全轻松自由地写作了。"虽然我认为马修·阿诺德的风格适合他的特定目的，但我必须承认，他的举止往往令人恼火。他的风格是他一劳永逸地打造出来的工具，已经不像人手那样机动灵巧，能够自由发挥。

如果你能写得清晰、简洁、悦耳，同时能够生动，那就堪称完美了，你的写作水平会像伏尔泰一样。然而，我们知道追求生动可能多么致命——

这可能导致如梅雷迪思般令人厌烦的杂技表演。麦考莱①和卡莱尔各自以不同的方式引人注目，但都以失去自然为代价。他们华而不实的效果分散了人们的注意力，他们还破坏了自己的说服力。如果一个人手持铁环，每隔一步就跳进铁环里一下，你是不会相信他会认真犁地的。好的风格不应该表现出任何尝试的迹象，而更应该看起来是一次妙手天成。我认为，在当下的法国，没有人比科莱特写得更好了，她的表达如此轻松从容，让人感觉她似乎毫不费力。我听说有些钢琴家有一种天生的技巧，大多数演奏家只有不懈努力才能堪堪达到他们的水平，我愿意相信有些作家也同样幸运，我更倾向把科莱特置于此类人之列。我亲口问过她，听说她不管写什么都会改了又改后，我感到非常惊讶。她告诉我，她经常花一上午的时间才能写一页稿子。但如何获得轻松的效果，这个过程并不重要。对我而言，如果我真的达到了这种效果，那只能是通过艰苦的努力。我那贫乏的天赋很少能给我提供一个恰当而不牵强或司空见惯的表达方式。

---

① 即托马斯·巴宾顿·麦考莱（Thomas Babington Macaulay，1800—1859），英国维多利亚时代早期辉格派历史学家、政治家。

第 14 章
当今的写作

我读过阿纳托尔·法朗士[①]试图只使用他非常钦佩的十七世纪作家的结构和词汇来写作。我不知道这是不是真的。如果真是这样的话，也许可以解释为什么他美丽而简单的法语总是缺乏活力了。但是，如果有那么一件你应该去讲清楚的事情，你却因为自己没办法以理想的方式讲出来而干脆选择不去讲的话，那这样的简洁就是完全错误的。一个人应该以自己时代的方式写作。语言是有生命的，并且在不断变化着。试图像遥远的过去的作者一样写作，只会导致矫揉造作不自然。我会毫不犹豫地使用当下的常用短语或俚语，如果它们能实现生动而真实的效果的话，尽管我知道它们的流行是短暂

① 阿纳托尔·法朗士（Anatole France，1844—1924）：法国作家、文学评论家、社会活动家，1921年诺贝尔文学奖得主。

的，也许再过十年八年就会让人无法理解。如果风格具有古典形式，那么它也应该可以支持我们去谨慎地使用只是暂时适用性的措辞。我宁愿一个作家流于庸俗，也不愿他含糊其词。因为生活就是庸俗的，作家要追求的就是生活本身。

我认为英国作家有很多东西要向美国的同行们学习。因为美国的作家摆脱了钦定版《圣经》的"暴政"，也较少受到那些老一辈大师的影响，他们的写作方式已经成为我们文化的一部分。他们形成了自己的风格，也许是无意识的，更直接地来自现实生活中身边的言辞谈吐。在状态最好的时候，这种风格显得十分直接、活力十足，显得我们这种更温暾的方式更加死气沉沉。美国作家的一个优势是其中许多人曾是记者，而他们的新闻报道用比我们更尖锐、更紧张、更生动的英语撰写。因为现在我们读报纸就像我们的祖先读《圣经》一样，并非没有好处。对于报纸来说，尤其在其非常流行时，它为作家们提供了一部分不能错过的经验。它是直接从屠宰场里出来的原材料，如果我们因为闻起来有血腥和汗水的味道而嗤之以鼻，那我们就是愚蠢的。无论我们多么不乐意，都无法摆脱这种日常散文的影响。但一个时期的新闻业内有着非常相似的风格。看起来都像同一个人写的，不掺杂一点人情味。最好通过另一种阅读来抵消它的影响。要做到这一点，必须不断接触一个与自己不太遥远的时代的作品。因此，一个人也可以有一个标准来检验自己的风格，立下一个以现在的方式能够达成的理想。

就我而言，我发现为实现这一理想，最值得研究的两位作家是哈兹利特和纽曼[1]。我也不会去模仿这两位。哈兹利特可能过于夸张，有时他的修辞会像维多利亚时期的哥特式风格一样挑剔。纽曼可能有点花里胡哨。不过在他们的巅峰状态下，两位都十分令人钦佩。时间的流逝几乎没有改变他们的风格，时至今日，依然和当代风格相差无几。哈兹利特生动鲜明，令人振奋，精力充沛。他拥有力量和活力。你可以从他的话语中感受到这个人并不像他在认识他的人面前表现得那样刻薄、爱发牢骚、不讨人喜欢，而是一个在自己理想视野中的人。（在现实中，我们内心的人和我们外表上那个可怜而蹒跚的人同样真实。）纽曼有着精致的优雅，有着一种时而嬉戏、时而肃穆的音乐性，是一种措辞上的林地之美，高雅而厚重。两人的表达都很清晰。不过，对于那种最纯粹的品位所要求的简洁，两人都有所欠缺。在这里，我认为马修·阿诺德胜过他们。两人的措辞都很平衡，都知道如何写出悦耳的

---

[1] 即约翰·亨利·纽曼（John Henry Newman，1801—1890），英国神学家、教育家，英国基督教圣公会内部牛津运动领袖。

句子。两人的耳朵都非常敏感。

如果有人能以当今的写作方式结合他们的优点，将创作出有限可能内最完美的作品。

第 15 章
人生的模式

我不时地问自己，如果我一生都致力于文学，是否本应成为一名更好的作家。早在某个时候，具体年龄我记不清了，我就下定决心，我只有这一次生命，我要竭尽所能活得精彩。在我看来，仅仅写作是不够的。我想为我的生活制定一种模式，在这种模式中，写作将是一个必不可少的元素，但它也将包括所有其他适合人类的活动，而死亡会是最终那个圆满的句号。我有很多缺陷。我个子矮小，耐力不错，但力气不大，说话结巴，腼腆害羞，身体算不上健康。我没什么运动天赋，可运动在英国人的日常生活中扮演着重要角色。无论是出于这些原因，还是出于我不了解的天性，我本能地不敢接近同伴，这让我很难与他们建立任何密切关系。我爱过单个的人，却从来没有太关心过人类这个群体。

我从来没有那种迷人的感觉，能让人对我一见钟情。多年来，尽管当我被迫与陌生人接触时，学会了表现出一种亲切的态度，但我从来没有一眼就喜欢上任何人。我想我从来没有在火车车厢里和不认识的人说过话，也没有和船上的乘客说过话，除非他们主动找我说话。我虚弱的身体使我无法享受推杯换盏后的人际亲密交往。微醺的醉酒状态能让那么多身体健康的幸运之人把所有人当成兄弟，可我还没微醺，胃里就开始翻腾，状况非常糟糕。对作家和男人来说，这些都是严重的缺点。我不得不好好处理它们。我一直坚持不懈地遵循我所制定的模式，即使我并不认为这是完美的模式。我认为在这种情况下，在大自然赋予我的权利非常有限的情况下，这是我所能期望的最好的结果了。

在寻找人的特殊功能时，亚里士多德认为，由于人和植物一样可以生长，和动物一样拥有感知，并且只有人享有理性思想，因此人的特殊功能就是进行灵魂的活动。从这一点他得出的结论不像我们合理设想的那样，认为人应该全面发展这三种功能，而是应该只追求人类所特有的那一种。哲学家和道德家都对肉体心存疑虑，他们指出，肉体的满足感是短暂的。但快乐总归是快乐，尽管不会永远持续下去。在炎热的日子，跳进凉水里是一件令人愉快的事，即使过不了多久你的皮肤对凉水就不再敏感了。不管持续一年还是一天，白色都不会变得更白。然后我把体验所有感官的乐趣看作我试图绘制的模式的一部分。我并不害怕过度：有时过度也会令人振奋。它能阻止节制变成一种令人麻木的习惯。它能强健身心，使神经得到休息。当身体满足快乐时，精神往往是最自由的。事实上，有时从山沟里看到的星星比从山顶看到的更明亮。身体最容易受到的快感是性交的快感。我认识一些人，他们为此献出了一生。现在他们已经老了，但我们不免惊讶地发现，他们认为自己过得很好。不幸的是，天生的挑剔使我无法尽可能多地沉迷于这种特殊的快乐中。我有节制，因为我这人难以取悦。当我不时地看到那些从伟大的爱人身上满足欲望的人时，我更多的是对他们的强烈欲望感到惊讶，而不是对他们的满足感到嫉妒。很显然，如果你愿意把羊肉末和萝卜当正餐吃，你就不会经常挨饿了。

　　大多数人的生活都是随波逐流。许多人迫于出生的环境和谋生的必要性，不得不走一条笔直狭窄的路，在这条路上不可能向右或向左转弯。在这些之上才被强加了生活的模式，是生活本身迫使他们这样做。当然，也没有任何理由说这样的模式不如那些被自主创造出来的完美。但艺术家却处于一种特权地位。我使用"艺术家"这个词并不是为了给他们所创作的东西赋予任何价值，只是为了表示一个致力于艺术的人。我也希望能找到一个更好的词。"创造者"显得太过自命不凡，似乎在声称自己具有独创性，但事实很少如此；"工匠"又显得有些不足。木匠是工匠，尽管他可能是一个狭义上的艺术家，但他通常没有最无能的涂鸦者、最贫穷的小画匠都能拥有的行动自由。艺术家可以在一定限度内过上他喜欢的生活。在其他职业中，你可以自由选择是否从事医学或法律领域的工作，但一旦选择，你就不再自由了。你要遵守你的职业规则和强加给你的行为标准。你的职业道路是预先确定好的。只有艺术家，也许还有罪犯，才能创造自己的模式。

也许是一种井井有条的天性让我在年轻的时候就开始为自己的生活设计模式。也许是因为我在自己身上发现了一些东西，关于这一点，稍后我会有一些话要说。这种做法的缺陷在于它可能扼杀自发性。现实生活中的人和小说中的人有一个巨大的区别，那就是现实生活中的人是冲动的生物。有人说，形而上学是为那些我们凭直觉所相信的东西寻找负面的理由。也可以说，在生活中，我们把深思熟虑作为理由，以此来掩盖其实自己只是做了想做的事。而屈服于冲动是这种模式的一部分。我认为一个更大的缺陷是它会导致你过多地活在未来。我早就知道这是我的一个缺点，也曾试图纠正它，但终究是徒劳。除了在意志上做出过努力，我从来没有真正希望逝去的时刻能持续下去，以便能从中获得更多乐趣，因为即使在这一瞬间我得到了我非常期待的东西，可我的想象力在实现的那一刻就开始忙着憧憬未来了。我每次走在皮卡迪利大街的南边，都会对北边发生的事情感到不安。这太愚蠢了。逝去的时刻是我们完全能够确定的，从中提取其最大价值才是最应该做的事。总有一天，未来会成为现在，会像现在一样不值一提。但常识对我用处不大。我并不觉得现在的生活不尽如人意。我只是觉得这是理所当然的。它已经交织在模式中，我感兴趣的是接下来的事情。

我犯过很多错误。有时我也会落入作家特别容易落入的陷阱，也就是我想在自己的生活中实施我让笔下人物所做的某些行为。我尝试了一些与自己本性无关的事情，并固执地坚持下去，因为我的虚荣心不允许我承认自己被打败了。我太在意别人的意见了。我为不值得的东西做出了牺牲，因为我没有勇气给人带来痛苦。我也做过不少傻事。我有一颗敏感的良心，一生中做过一些我无法完全忘记的事情。如果我有幸成为一名天主教徒，我本可以在忏悔时把自己从中救赎出来，在忏悔后，我得到了赦免，这样就可以永远地把它们从我的脑海中抹去。但我不得不按照我的常识来处理它们。我并不后悔，因为我认为正是出于我犯过的错误，我才能学会包容他人。我认识到这些花了很长时间。我年轻时并不是个心胸宽广的人。"虚伪是邪恶对美德的贡品"，我还记得第一次听到这句话时非常愤怒，这句话不是那人原创的，但我的确是第一次听闻。我认为一个人应该有勇气克服自己的缺点。我有诚实、正直、忠实的理想。我最受不了的不是人性的弱点，而是人性的懦弱，对那些模棱两可、两面三刀的人，我绝不容忍。我从不认为自己才是最需要被宽容的那个。

第 16 章
人与文

　　相比别人的过错，我们总是觉得自己的过错好像没那么不可饶恕，这事乍一看似乎有些古怪。我想原因在于我们了解造成这些过错的所有情况，所以我们能够为自己辩解，而不能为他人辩解。我们总是忽略自己的缺陷，万一因此遇上什么事，也很容易就能原谅它们。或许我们这样做是正确的。缺陷也是我们的一部分，我们必须一起接受自己的优点和缺点。但是，当我们评判他人时，我们所用的标准并不是我们真实的自己，而是我们塑造出来的一种形象，其中剔除了一切冒犯我们的虚荣心或会让我们在世人眼前丢脸的因素。举一个微不足道的例子：在发现有人撒谎时，我们会表现得极为轻蔑。但谁能坦诚地说自己撒过的谎不止一个，而是一百个呢？发现伟人也会软弱、小气、失信、自私、私生活混乱、虚荣或放纵时，我们会感到十分震惊。许多人认为向公众披露英雄的缺陷是件卑鄙之事。其实每个人之间没有太大区别。每个人都同样是伟大与渺小、美德与邪恶、高贵与卑鄙的混合体。有些人有更多的性格力量或更多的机会，因此在一个或另一个方向上让他们的本能得到更自由地发挥，但从本质的发展可能性来讲，每个人都一样。就我而言，我不认为自己比大多数人更好或更坏，但我知道，如果我把生活中的每一个行动和脑海中浮现的每一种想法都写下来，世人会认为我是一个彻头彻尾的魔头。

我不禁怀疑，当一个人反思自己的想法后，怎么会好意思去谴责别人。我们生活的很大一部分都沉浸在遐想中，我们越富有想象力，这种遐想就越丰富多彩。要是这些遐想被自动记录下来并展现在我们面前，有多少人能坦然面对？我们必然会感到羞愧。我们会哭天喊地，觉得自己不可能真的那样卑鄙、邪恶、小气、自私、淫秽、势利、虚荣、多愁善感。然而，毫无疑问，我们的幻想和我们的行动一样，都是我们的一部分，要是有一种生物能看穿我们内心的想法，那我们可能会像对行为一样，也对想法负责了。人们忘记了自己脑海中萦绕的可怕想法，可当他们在别人身上发现同样的想法时，又会感到愤怒。在歌德的《诗与真》中，他讲述了自己年轻时如何无法忍受父亲是法兰克福中产阶级律师的想法。他觉得自己的血管里一定流动着高贵的血统。因此，他试图说服自己，某位异域王子路过这座城市时邂逅并爱上了母亲，他便是两人爱情的结晶。那本书的编辑在这个问题上写了一个愤怒的脚注。在他看来，歌德不配成为如此伟大的诗人，竟然为了势利地炫耀自己是贵族私生子，而指责他母亲那毋庸置疑的贞操。当然，这事挺不光彩，但其实也挺自然，我甚至敢说这不是什么稀奇事。一定有很多浪漫、叛逆和富有想象力的男孩设想过他们的父亲不是那种古板、呆滞却又受人尊敬的样子。他们根据自己的特质，将自己的优越感归因于一位不知名的诗人、伟大的政治家或治理一国的王子。歌德晚年那种超脱凡俗的姿态让我对他充满敬意，但他这番告白却令我感到宽慰。因为就算他写出了如此伟大的作品，但他终究还是人。

在我看来，圣人一生致力于行善，也通过忏悔救赎了他们过去的罪恶，然而，这些淫荡、丑陋、卑鄙和自私的思想仍然违背他们的意愿，深深扎根于他们的心中，折磨着他们。正如我们所知，圣依纳爵·罗耀拉[1]在前往蒙塞拉特的修道院后进行了深刻的忏悔，并获得了赦免，却仍然被罪恶感缠身，以至于差点自杀。在皈依之前，他一直过着当时出

---

[1] 圣依纳爵·罗耀拉（St. Ignatius of Loyola, 1491—1556）：西班牙贵族，1540年在罗马教皇保罗三世的支持下创立耶稣会，并任总会长。

身良好的年轻人的普通生活。他对自己的外表有些自负，曾经也嫖过妓、赌过博。但至少有一次，他表现出了罕见的宽宏大量，而且其实他一直都是正直、忠诚、慷慨和勇敢之人。如果说就算这样，他仍无法内心平静，那么让他无法原谅自己的似乎只能是自己的思想了。即使是圣人也会受到这样的折磨，这倒是挺宽慰人心的。当我看到世界上那些伟大的人一副肃然危坐、正气凛然的样子，我经常问自己，在这样的时刻，他们是否会想起自己独处时内心的龌龊想法，同时这些潜意识中潜藏的秘密是否会令他们坐立难安。在我看来，这些幻想对所有人来说都是共同的，这一点应该激发人们对别人的宽容之心。如果它们能让我们以幽默的态度看待我们的同伴，即使是最杰出和最受尊敬的人，如果它们能引导我们不要太把自己当回事，那也算是好事一桩了。当我听到法官们在法官席上津津有味地道德说教时，我问自己，他们是否有可能像自己吹嘘的那样完全忘掉自己的人性。我真希望在老贝利①的那束花旁边能摆上一包卫生纸。这会提醒他，他和所有人没什么不同，都是普通人。

① 指英国最古老的法院中央刑事法院（Central Criminal Court），因为伦敦老城的城墙叫作贝利（Bailey），而法院正好和老城墙在同一条线上，所以得了"老贝利"这个外号。

第 17 章
善与恶

有人说我愤世嫉俗，有人指责我把人性写得太坏了，我自己倒是没这么觉得。我只不过是突出了许多作家视而不见的某些特征罢了。在我看来，人类最让我印象深刻的就是缺乏一致性。我从来没有见过心口如一的人。让我惊讶的是，那些最不协调的特质竟然能够存在于同一个人身上，并由此产生表面上的和谐。我时常问自己，那些看似不可调和的特征是如何存在于同一个人身上的。我认识一些能够自我牺牲的骗子、一些性情温和的小偷，还有一些把给顾客提供物超所值的服务当作荣誉的妓女。我能提供的唯一解释是，每个人都本能地相信自己在世界上是独一无二的、享有特权的，以至于人们觉得，无论其他人看来有多么荒谬，但自己所做的事情，就算不太自然或不正确，至少可以得到原谅。我在人们身上发现的这种反差让我很感兴趣，但我并不觉得自己过度强调了这一点。不时有人指责我，也许是因为我没有明确谴责笔下人物身上的缺点，也没有赞扬其优点。我不会对别人的罪行感到太过震惊，除非是的确影响到我了，即使是影响了我，最后我通常也会选择宽恕，这肯定是我的错。不要对别人期望太高，这是很好的。当别人对你好时，你应该心存感激，但当他们对你不好时，你也得泰然处之。正如雅典陌生人[①]所说："我们每个人都是由欲望的倾向和灵魂的本性造就的。"正是缺乏想象力，使人们无法从自己以外的任何角度看待事物，可要是因为人们缺乏这种能力而大发雷霆，那就没什么必要了。

我认为，如果我只看到人们的缺点，而忽视他们的美德，我就应该受到应有的指责。我并不觉得应该如此。没有什么比善良更美丽了，如果说按照普世的标准，那些应该受到无情谴责之人身上也能流露出善良之光，我会很高兴的。我之所以展示"善良"，是因为我看到了它。在我看来，有时"善良"在他们身上更加明亮耀眼，因为它被罪恶的黑暗所包围。我把好人的善良当作理所当然，可当我发现他们的缺点或罪恶时，我会十分开心。

---

① 雅典陌生人（Athenian Stranger）：柏拉图《对话录》（*Dialogues*）中的人物，曾与苏格拉底就一些主题进行过讨论。

当我看到恶人身上的善良时，我很感动，我愿意对他们的恶行耸耸肩以示原谅。我不是我兄弟的监护人，又总不能去评判同行。我很乐意只对他们进行观察。而观察结果让我相信，总的来说，好与坏之间没有道德家所宣扬的那么大的区别。

总的来说，我并没有以人们的表面价值来看待他们。我不知道这种冷静的审视是不是从我的父辈那里继承下来的。如果没有不被外表欺骗的精明，他们很难成为成功的律师。或者，也许我要归功于我在与人相处时不会有那种太过喜悦的情感冲动，就像俗话说的那样，这种情绪让很多人把鹅当成了天鹅。我作为一名医学生所接受的训练无疑对此有所助力。但我并不想成为一名医生。我只想成为一名作家，但我过于羞愧，不敢说出口。无论如何，在当时，一个十八岁的男孩，家庭出身也算体面，竟然要以文学为职业，简直闻所未闻。这个想法太荒谬了，我甚至做梦也没想过要把它告诉任何人。我一直认为我应该学习法律，但我有三个比我大得多的哥哥，他们早已踏入这个行业，那里似乎没有我的立足之地了。

第 18 章

成为医生

　　我早早地离开了学校。父亲去世后，我被送去了预备学校，过得很糟糕，因为它在坎特伯雷，距离我的叔叔兼监护人担任教区牧师的惠特斯塔布尔只有六英里[①]。它是国王学院[②]的附属学校，历史悠久，我十三岁的时候正式入学了。从低年级熬出来的时候，我就已经够满足了，可因为重病不得不在法国南部待一个学期时，我的生活又变得痛苦不堪了。我母亲和她唯一的姐姐都死于肺结核，当发现我的肺部受到感染时，叔叔和婶婶十分担心。我被安排在耶尔[③]的一

---

① 六英里：约合9.66公里。

② 指坎特伯雷国王学院（King's School, Canterbury），始建于597年，是英国最古老的学校之一。

③ 耶尔位于土伦以东约16公里，靠近耶尔湾，是法国东南部地中海滨区最古老的游览胜地和浴场。

个家庭教师那里。当我回到坎特伯雷时，我感觉自己不太喜欢那儿了。我的朋友们早就交到了新朋友。我很孤独。我插班进了高年级，可因为缺席了三个月，我已经跟不上节奏了。班主任整天对我唠叨不休。我说服叔叔，如果我不留在学校，而是在里维埃拉①度过第二个冬天，那对我的肺会很有好处，之后再去德国学习德语，也是很大的提升。我可以继续在那里学习进入剑桥大学必需的科目。他这个人耳根子软，我的论点又好像有那么点道理。他不太喜欢我，对此我不能怪他，因为连我自己都觉得自己是一个不讨人喜欢的男孩，可话说回来，在教育上花的都是我自己的钱，他也乐意让我做自己选择的事。婶婶非常赞成我的计划。她本是德国人，身无分文，但出身高贵。她的家族甚至有专属的盾形纹章，上头有支撑盾牌的人形和花里胡哨的涂饰，她对此倒是特别自傲。不过，我在其他地方也说过，虽然她只是穷牧师的妻子，却坚决不会去拜访在附近有所消暑别墅的银行家富太太，只因为她家是做生意的。是她安排我去海德堡的一个家庭，她是通过她在慕尼黑的亲戚联系上的。

但当我十八岁从德国回来时，我对自己的未来有了非常坚定的打算。我比以往任何时候都幸福。我第一次尝到了自由的滋味，一想到要去剑桥，又

① 里维埃拉位于地中海沿岸。

一次受到束缚，我就无法忍受。我觉得自己是一个男人了，非常渴望立刻踏进现实生活。我觉得一分一秒都不能浪费。我叔叔一直希望我能去教堂，尽管他应该知道，以我这种结结巴巴的口舌，再没有比干牧师更不合适的职业了。当我告诉他我不会去的时候，他以一贯的冷漠接受了我拒绝去剑桥的决定。我仍然记得关于我应该从事何种职业的荒谬争论。有人建议我成为一名公务员，于是我叔叔写信给他在牛津一位在内政部身居高位的老朋友征求意见。得到的回复是，正是由于考试制度以及这个制度引入政府部门的人员阶层，现在这里没有绅士的容身之地了。这个问题就不攻自破了。最后决定我应该成为一名医生。

我对医学专业不感兴趣，但它给了我在伦敦生活的机会，从而获得了我渴望的生活经验。1892年秋天，我进入了圣托马斯医院。我发现前两年的课程非常枯燥，除了勉强通过考试外，我对自己的学业没投注什么热情。我算不上一个令人满意的学生，但我拥有渴望的自由。我喜欢有自己的住处，在那儿可以有独处的时间。我把房间布置得漂亮又舒适，并为此感到自豪。我所有的业余时间以及本应用于医学研究的大部分时间都花在了阅读和写作上。我的阅读量很大。我在笔记本上写满了故事和戏剧的想法、对话和思考的片段，这些都是阅读和目前人生的各种经历给我带来的原始灵感。我很少深入医院的生活，也没交到什么朋友，因为我忙着做其他事情去了。但两年后，当我正式进入门诊部时，我终于开始感兴趣了。后来我开始在病房工作，兴趣更是大涨，以至于有一次我对一具处于高度腐烂状态的尸体进行尸检，却染上化脓性扁桃体炎而不得不卧床休息时，我还没等完全康复，就下床继续工作了。我必须完成一定数量的接生工作，才能获得证书，这意味着我要去兰贝斯的贫民窟，经常得去那些连警察都犹豫要不要进入的肮脏院落，但我的黑色医用皮包充分保护了我：我觉得这项工作很吸引人。在一段不长的时间里，我日夜值班，为急诊病人提供急救。虽然这让我疲惫不堪，却异常兴奋。

第 19 章

病房中的人性

因为在这里，我接触到了我最想要的东西——原汁原味的生活。在那三年里，我充分见证了一个人所能表达的每一种情感。它吸引了我的戏剧本能。这让我内心的小说家很兴奋。即使四十年过去了，我也能准确地记住某些人，以至于我甚至能画出他们的肖像。当时我听到的言语仍然萦绕在我的耳朵里。我看到了人类是如何死亡的；我看到了他们是如何忍受痛苦的；我看到了希望、恐惧和解脱都是什么样子的；我看到了绝望在脸上画出的黑色纹路；我看到了勇气和坚定；我看到了人们眼中闪烁着信念，可我深知那种信念只是缥缈的幻影；我看到了一个男人用讽刺的笑话来迎接死亡的勇气，因为他太骄傲了，不愿让周围的人看到他灵魂的恐惧。

当时（对大多数人来说，这是一个足够安逸的时期，和平似乎已经确定，繁荣发展也有保证），有一派作家放大了苦难的道德价值。他们声称苦难是有益的，增加了人们的同情心，增强了人们的感情。他们声称，它为精神开辟了美丽的新道路，并使其能够接触上帝的神秘王国。他们声称，苦难能够强化人们的性格，将其从粗俗中净化出来，并给人带来更完美的幸福。几本关于这方面的书取得了巨大成功，他们的作者住在舒适的家里，一日三餐、身体健康，赢得了很多声誉。我在笔记本上记下了我所看到的事实，不是一两次，而是十几次。我知道痛苦并不能使人高尚，只会使人堕落。它使人变得自私、卑鄙、小气和多疑。它把人的注意力锁在一些小事上。苦难无法使人更加伟大，只能让人更加渺小。我曾不乏残忍地写道："我们不是通过自己的痛苦，而是通过他人的痛苦来学会顺从。"

所有这些对我来说都是宝贵的经历。在我看来，对一个作家来说，最好的培训莫过于在医学界待上几年了。我想你当然可以在律师办公室学到很多关于人性的知识。但总的来说，在律师事务所，你需要打交道的人都是有着完全自控力的人。他们撒谎的次数可能和对医生撒谎的次数一样多，但他们撒的谎更完满圆润，可能对律师来说，知道真相并不那么必要。此外，他要处理的利益通常是物质性的。他会从专业的角度看待人性。但医生，尤其医院的医生，看到的却是赤裸裸的人性。病患的沉默往往会不攻自破，更别说很多时候根本不存在沉默。恐惧在很大程度上会粉碎每一道防线，即使是虚荣也会被它击垮。大多数人非常渴望谈论自己，唯一限制这种欲望的就是他人不愿倾听。矜持对于大多数人都是一种人为的品质，是无数次被拒绝、受打击的结果。医生都十分谨慎。倾听本就是他的本职工作，没有任何事情是不能与他言语的。

诚然，就算人性赤裸裸地展现在你面前，如果你对它视而不见的话，仍将一无所获。如果你因为偏见而固执己见，如果你的性格多愁善感，就算你在病房里待过，出来后同样会对人性一无所知。如果你想从这样的经历中获得任何好处，你必须有一个开放的心态和对人类的兴趣。我觉得自己很幸运，因为尽管我从来都不太喜欢人类，但我发现人类是如此有趣，我从来不会觉得观察人类很无聊。我不是特别想倾诉，但我非常愿意倾听。我不在乎人们是否对我感兴趣。我不想把我所掌握的任何知识传授给别人，如果他们错了，我也不觉得有必要纠正他们。如果你保持头脑清醒，你可以从乏味的人那里得到很多乐趣。我记得有一次去国外，一位好心的女士开车带我四处兜风。她讲的话完全是老生常谈，说些陈芝麻烂谷子的事情，我只能左耳进右耳出了。但她说的其中一句话却像妙语连珠之人的俏皮话一样，一直留在我的记忆中。我们经过海边的一排小房子，她对我说："这些房子叫'周末小屋'，不知道您懂不懂我的意思。换句话说就是，人们周六住进去，周一就离开。"我要是没记住这句话，那是多大的遗憾。

我不想和无聊的人待太久，但我也不想和有趣的人待很长时间。我觉得社交是件很令人疲惫的事。我想大多数人在交谈中既兴奋，又能放松身心，但对我来说，我得一直付出精力。我年轻时因为口吃，长时间的交谈会使我异常疲惫，即使现在这毛病好转了不少，但谈话对我来说仍是一种压力。而能够拿起书本沉浸在阅读中是一件乐事。

第 20 章
人的多面性

我绝对不敢说我在圣托马斯医院度过的那些年让我对人性有了全面的了解，我想任何人都不可能做到这一点。四十年来，我一直在有意无意地研究人性，我发现人真是不可捉摸。就算是我认识的人，我也可能因为他们做出一些出乎我预料的事情，或他们拥有一些出乎我预料的特质而感到惊讶。也可能是我的医学训练给了我一种扭曲的观点，因为在圣托马斯医院，我接触到的人大多病恹恹的，还很贫穷，教育水平低下。我已经尽力防止这种情况发生，一直保持尽量不要先入为主。可我天生就不信任别人。我更倾向认为人性本恶而非良善。这是一个人为了拥有幽默感而必须付出的代价。幽默感会让你从人性的差异中获得乐趣。它会导致你不信任伟大的宣言，并寻找隐藏在背后不值得的动机。外表和现实之间的差异会让你觉得十分有意思，当这种不一致不存在的时候，你就会人为地、主动地去创造。你倾向对真理、美和善视而不见，因为它们没有给你的荒谬感提供空间。幽默作家对骗子有敏锐的洞察力，却不总是能认出圣人。但是，如果片面地看待人性是为了获得幽默感而付出的沉重代价，那么所获得的补偿也是有价值的。当你嘲笑别人时，你不会对他们生气。幽默教人宽容，幽默家总是面带微笑，也许是一声叹息，更可能是耸耸肩，而不是谴责。他不说教别人，他满足于理解别人。因为理解就是怜悯和原谅。

但我必须承认，尽管我一直秉持对于人性一定要持保留意见，但随后几年的经历却只是证实了我在圣托马斯医院的门诊部和病房里对人性的观察：观察都是在无意之下进行的，并非有意为之，因为当时我太年轻了。从那时起，我就看清了人性，并以此画出了画像。这可能不是一张真实的画像，而且我知道很多人都认为这是一张令人不快的画像。它无疑是片面的，因为我会很自然地以自己的特质来看待别人。一个活泼、乐观、健康、多愁善感的人对同一个人的看法会截然不同。我能保证的只是我会以前后连贯的视角来看待他们。在我看来，许多作家似乎根本不去观察，而是根据自己的想象，用图像来塑造他们的角色。他们就像绘图员一样，以古画的记忆画出自己的人物，而并不从活生生的人身上取材。他们充其量只能给自己头脑中的幻想赋予生命的形状。如果他们的思想高尚，他们可以给你高尚的形象，也许他们缺乏普通生活的无限复杂性，那也没关系。

　　我一直都以活生生的人作为取材对象。我记得有一次在解剖室，当我和讲师一起检查"人体构造"时，他问我某条神经是什么神经，我不知道，他告诉了我。于是我提出抗议，因为它所在的位置并不对。尽管如此，他也坚持认为这就是我一直在找却遍寻不获的那根神经。我抱怨说这种情况太少见了，他笑着说，在解剖学中，不正常才是正常。当时我只是很生气，但这句话深深地印在了我的脑海中，从那时起，我就不得不相信，这句话不仅适用于解剖学，也适用于人类。其实你所看到的"正常"只是少见现象，"正常"只是一种理想状态。它是一幅由人的平均特征拼凑而成的画面，很难在一个人身上找到所有这些特征。我所说的作家们正是以这种虚假的画面为榜样，因为他们的描述太特殊了，很少能达到现实生活的效果。自私与善良、怀抱理想与肉欲、虚荣、害羞、无私、勇敢、懒惰、紧张、固执和缺乏自信都可以存在于一个人身上，并形成一种看似合理的和谐。这是我们花了很长时间才说服读者相信的真相。

我不认为过去几个世纪的人与我们所认识的人有什么不同，但他们在同时代人看来肯定比现在更生动、更现实，否则当时的作家就不会那样去描写他们了。把每个人的性格描写出来似乎都是合理的。守财奴只不过是吝啬鬼、花花公子就是骄奢淫逸、贪吃的人就是欲求不满。可谁也没想过，守财奴可能也会骄奢淫逸、欲求不满。然而，我们在现实里却经常看到这样的人。更不用说，他可能还是一个诚实正直的人，对公共服务有着无私的热情，对艺术有着真正的热爱。当小说家开始揭露他们在自己身上或在他人身上看到的多样性时，他们却被指控诽谤人类。据我所知，第一位有意这样做的小说家是写《红与黑》的司汤达。那一代的批评界群情激昂。就连圣勃夫①（他只需要审视自己的内心，就可以发现在某种和谐中，哪些相反的品质可以共存）也对他提出了质疑。于连·索雷尔②是小说家创作过的最有趣的人物之一。我不认为司汤达将他塑造得完全可信，但我相信，这是由于我将在本书的另一部分提到的原因。在小说的前四分之三，他表现得还是很有说服力的。有时他会让你充满恐惧，

---

① 即夏尔·奥古斯丁·圣勃夫（Charles A.Sainte-Beuve，1804—1869），法国文学评论家，首创肖像与传记的批评方法，被誉为"近代文艺批评之父"。
② 小说《红与黑》（*Le Rouge et le Noir*）中的男主角。

有时又会引起你的同情。但他有一种内在的连贯性，所以尽管经常不寒而栗，但你还是接受了。

但很久之后，司汤达的榜样才有了结果。尽管巴尔扎克拥有天纵之才，却还是以旧模型为原型描绘他的人物。他将自己那充沛的活力赋予了他们，让你接受他们是真实的。但事实上，他们仍只是类型人物，就像老式喜剧中的角色一样。他的人物令人难忘，但是从占有支配权的激情的角度来看这些人物的，而这种激情影响了他们所接触的人。我想，把人看成同类是人类的一种自然倾向。显然，以这样或那样的方式对一个人先入为主，直接用"他这人最好了"或"他这人糟糕至极"这类话给人下定义是最省事的做法了。令人不安的是，他的国家的救世主可能是个吝啬之人，或者为我们的意识开辟了新视野的诗人可能是一个势利小人。我们天生的利己主义导致我们会根据人们与我们自己的关系来评判他们。我们希望它们对我们来说是特定的东西，对我们来说该是怎样就是怎样。因为他们中的其他人对我们没有好处，所以我们忽略了这一点。

也许这些原因可以解释为什么人们如此不愿意接受将人描绘成具有不协调和多样化品质的人的尝试，以及为什么当坦率的传记作家揭露名人的真相时，人们会沮丧地转身离开。想到《名歌手》五重奏的作曲家在金钱问题上的不诚实，对那些有恩于他的人背信弃义，真是令人痛心。但如果他没有这些严重的缺陷，也许便拥有不了伟大的品质。我认为人们说名人的缺陷应该被忽视是不对的。我认为我们应该更深刻地去了解他们。然后，尽管我们意识到自己有和他们一样明显的缺点，但我们可以相信，这并不妨碍我们也拥有和他们一样的优点。

第 21 章
我什么都读

　　除了学习到一些关于人性的知识外，我在医学院的训练也为我提供了关于科学的基本知识。在那之前，我只关注艺术和文学。虽然我学到的知识非常有限，因为当时对课程的要求很低，但无论如何，它向我展示了一条道路，让我走向一个我一无所知的领域。我逐渐熟悉了某些基本原理，由此粗略地了解到科学世界是严格的唯物主义世界，因为它的概念与我自己先入为主的观念相吻合，我欣然接受了它们。"对于人来说，"正如浦柏所言，"就让他们说自己愿意说的话，没必要去在意别人的意见，除非和自己的意见相符。"我很高兴地了解到，人的思想（人本身就是自然原因的产物）是大脑主体的一种功能，就像他身体的其他部分一样，服从因果定律，这些定律与支配星辰和原子运动的定律相同。宇宙只不过是一台巨大的机器，其中的每一个事件都是由之前的事件决定的，所以万事万物不过是其本身，没什么神秘的。这些概念不仅吸引了我的戏剧本能，也给我带来了一种非常愉快的解放感。带着年轻人特有的尖锐，我对"适者生存"的假设表示欢迎。得知地球是一个围绕着一颗正在逐渐冷却的二等恒星旋转的小泥点，我感到非常满意。随之出现的是人类进化，在这个过程中，他们不得不适应环境，而除了对抗日益加重的寒冷所必需的品质外，他们获得的其他品质都被剥夺了，直到最后，这个星球成为一块冰冷的煤渣，不再支持哪怕一丝生命的存在。我相信我们是可怜的木偶，任由无情的命运摆布。而且，在不可阻挡的自然法则约束下，我们注定要参加为生存而进行的无休止斗争，除了不可避免的失败别无期待。我了解到，人被野蛮的利己主义所驱动，爱只是大自然为了实现这个物种的延续而对我们耍的肮脏把戏。于是我认定，无论人为自己设定什么目标，都是因为受到了欺骗，因为人不可能以任何事为目标，除了一己私利。有一次，我碰巧帮了朋友一个忙（我没细想出于什么原因，因为我知道我们所有的行为都纯粹是自私的），他想表达感谢（当然，他根本不必如此，因为我那善意明显是假装出来的），问我想要什么礼物，我毫不犹豫地回答了赫伯特·斯宾塞的《第一原理》。这本书我读得心满意得。但我对斯宾塞对进步的伤感信念感到不耐烦：我所知道的世界正在变得越来越糟糕，一想到遥远的人类后代，他们早已忘记了艺术、科学和工艺，只能蜷缩在洞穴里，无助地等待寒冷而永恒的夜晚来临，我倒是挺高兴的。我这个人非常悲观。尽管如此，但我有着充沛的活力，总的来说，我从生活中获得了很多乐趣。作为一名作家，我雄心勃勃地想扬名立万。我把自己投身每一种变幻无常的变迁中，争取获得我想要的更丰富体验的机会，我阅读了能拿到手的一切书籍。

第 22 章
有限的天赋

　　此时，我生活在一群年轻人的身边，他们有天赋，在我看来，比我的天赋厉害得多。他们可以用一种让我羡慕的方式写作、画画和作曲。他们对艺术的欣赏和批判的本能是我羡慕不来的。在这些人中，有些人还未能发挥潜能就英年早逝，其余的人活了下来却一事无成。现在我知道，他们所拥有的只是年轻人天生的创造力。写散文和诗歌、在钢琴上弹奏小调、画画是很多年轻人的本能。这是一种游戏形式，仅仅是因为他们年富力强，并不比孩子在沙滩上建造城堡更有价值。我怀疑是我自己太过天真，才让我如此钦佩朋友们的天赋。如果我没有那么无知的话，我可能会看出来，在我看来如此新颖的观点也许只是些不入流的货色，他们的诗歌和音乐更多地归功于记忆力，而不是生动的想象。我想说的是，即使这样的才能不是普遍的，至少也很普通，人们甚至无法从中得出什么特别的结论。年轻是灵感的来源。艺术的悲剧之一是大量的人被这种昙花一现般的丰富灵感所误导，于是将自己的一生奉献给创作。随着年龄的增长，创作的才能抛弃了他们，尔后漫长的岁月中，由于已经做不了更单调的工作，他们只能竭力榨干已经枯竭的大脑，试图挤出一星半点它早已无法提供的材料。他们很幸运，尽管我们知道他们很痛苦、很心酸，但他们至少可以以新闻或教学等与艺术相结合的方式谋生。

当然，艺术家是从那些天生拥有这种才能的人中产生的。没有它，他就没有天赋。但这只是天赋的一部分。我们每个人一开始都只是生活在自己思想的孤独中，从给我们的数据和与其他思想的交流中，我们构建了适合自身需求的外部世界。因为我们都是同一个进化过程的结果，而且我们的环境或多或少是相同的，所以我们所做的构建大致相似。为了方便和简单，就把它当作同一个世界来接受，嘴上说起来也认为是同一个世界。艺术家的独特之处在于他在某些方面与其他人不同，因此他构建的世界也不同。这种特质正是他才能中超出常人的部分。当他描绘的私人世界吸引了一定数量的人时，无论是因为它的陌生性、内在兴趣，还是与他们自己的构建一致（因为我们只能和身边人的构建高度相似，却不能完全一致，也并不是每个人都能在每个方面接受这个共同的世界），他的才华就会得到认可。如果他是一名作家，他将满足读者的一些需求，读者将与他一起拥有一种精神生活，这比环境强加给他们生活更能满足他们。但也有人不喜欢这种特质。他们对由其才能构建的世界没有耐心，反而会让他们反感。然后艺术家对他们无话可说，他们会否认他的才华。

我不认为天才与天赋是完全不同的东西，我甚至不确定它们是否取决于艺术家才能里的不同部分。例如，我不认为塞万提斯在写作方面有特殊的天赋，但很少有人会否认他是天才。在英国文学中，要找到一位比赫里克[①]有着更可喜天赋的诗人不容易，可他好像也就仅限于此了。在我看来，天才的形成是将天生的创造天赋与一种特质相结合，这种特质使天赋的拥有者能够以最高的视角亲自看待世界，但又具有如此普遍的吸引力，以至于他的吸引力不只针对某种人，而是针对所有人。他的私人世界就是普通人的世界，但更丰满、更精练。他的语言具有普适性，尽管人们可能无法确切地说出这意味着什么，但

---

① 即罗伯特·赫里克（Robert Herrick，1591—1674），英国资产阶级革命时期和复辟时期"骑士派"诗人之一。"骑士派"诗主要写宫廷中的调情作乐和好战骑士为君杀敌的荣誉感，宣扬及时行乐。

他们觉得这很重要。他很正常。他以一种愉悦的自然心态看待生命，就像在欣赏一场音乐会，他看到了生命的无垠广阔，就像人类本身对于生命的健康态度一样。用马修·阿诺德的话来说，他稳定地看待生命，并将其视为整体。但一个世纪只会出现一两个天才。解剖学的教训适用于此：没有什么比"正常人"更罕见的了。像现在很多人那样，因为一个人写了六部构思巧妙的剧本或画了几十幅好画而称他为天才，这是愚蠢的。有天赋是很好的，可很少有人真的拥有天赋。凭借天赋，一位艺术家只能达到二等水平，但他也不必自扰，因为这一群体中已经包含创作了不少非凡作品的人物。想一想，这一群体中已经创作出了《红与黑》这样的小说、《什罗普郡少年》这样的诗歌、华托这样的绘画时，那的确没有什么可羞愧的了。天赋无法达到最大高度，但它可以向你展示在通往巅峰的路上，还有许多意想不到的美丽景色：一处人迹罕至的山谷、一条奔流的小溪，或一个浪漫的洞穴。人性是如此恶劣，以至于当它被要求对人性进行最广泛的调查时，有时它反而会踌躇不前。面对托尔斯泰的辉煌巨作《战争与和平》，它会退缩，反而自满地转向伏尔泰的《老实人》。要是天天看着米开朗基罗绘制的西斯廷教堂天顶画，难免心有戚戚，可要是换成康斯特布尔①画的索尔兹伯里大教堂，那就能坦然处之了。

我的同情心是有限的。我只能做我自己，一部分是因为天性，一部分是因为我的生活环境，因此那也只是部分的自我。我不是一个善于交际的人。我既不能喝醉，也不能对我的同胞们产生强烈的爱。言笑晏晏总是让我有些无聊。当人们坐在啤酒屋里或乘船顺流而下开始唱歌时，我总是保持沉默。我甚至从来没有唱过赞美诗。我不太喜欢被人触摸，当有人挽住我的手臂时，我总是得克制住退缩的冲动。我永远不会忘记自己。这个世界的歇斯底里让我反感，当我置身一大群人之中，置身一种强烈的欢乐或悲伤氛围时，我总是有种强烈的疏离感。虽然我恋爱过很多次，但我从未经历过回报爱情的幸福。我知道这是生活所能提供的最好的东西，也是几乎所有人都喜欢的东西，尽管可能只是很短的一段时间。我最爱的是那些对我漠不关心的人，当人们爱我时，我会感到尴尬。这是一个我不太知道如何应对的困境。为了不伤害他们的感情，我经常假装出一种我实际没有感觉到的激情。我尝试着尽量以温柔的方式，或实在掩饰不住的愤怒，逃离他们用以束缚着我的爱的枷锁。我一直唯恐失

① 即约翰·康斯特布尔（John Constable，1776—1837），英国皇家美术学院院士，十九世纪英国伟大的风景画家。

去这份独立的人格。我一直做不到沉浸在感情中。因此，我从未感受过普通人的一些基本情绪，我的作品也就不可能具有只有最伟大作家才能给予的亲密感、广泛的人性和动物般的宁静。

第 23 章
幻想

　　让公众看到幕后是很危险的。他们的幻想很容易幻灭，然后迁怒于你，因为他们爱的就是幻想。他们不明白，你感兴趣的正是你创造幻想的方式。安东尼·特罗洛普的作品已有三十年没人读了，就因为他承认自己在正常时间写作，并尽力为自己的作品争取最好的价格。

　　但对我来说，我的人生即将走到尽头，我不应该再隐瞒真相了。我不希望任何人对我的评价超过我实际的水平。让那些喜欢我的人接受我，其他人去留自便。我的性格比头脑更强，我的头脑又强过特别的天赋。多年前，我对一位迷人而杰出的评论家说过这样的话。我不知道当时为什么这么做，因为我一般不太愿意在公开场合谈论自己。那是战争的头几个月，在蒙迪迪耶，我们在去佩罗纳的途中一起吃午饭。我们已经辛苦工作了好几天，终于能消停下来享受一顿看起来令人食欲大振的美餐。我想我是被葡萄酒冲昏了头脑，又因为从市场上的一尊雕像上发现蒙迪迪耶是把土豆引进法国的帕门蒂耶的出生地，顿时大感兴奋。总之，当我们悠闲地喝着咖啡和利口酒时，我情不自禁地对我的天赋进行了敏锐而坦率的分析。几年后，我在一篇重要论文的专栏中读到了这篇文章，里面几乎就是我当时的原话。我有点恼火，因为自己评价自己和让别人说是完全不同的事情，我希望这位评论家能道出实情，承认这些都是我自己说的。但主要也怪我自己，想必那位评论家还因此觉得自己独具慧眼呢。毕竟他写出来的都是事实。这对我来说有些不幸，因为这位评论家算有不小的影响力，他在这篇文章中所说的话在后面也被不断提起。还有一次，我在不适当的场合敞开心扉，我告诉读者我才能异禀。人们会认为若非我自吹自擂，评论家根本不会认为我有何天赋。但从那以后，这个形容词就常常被强加于我身上，用来挖苦我。我觉得很奇怪，这么多关心艺术的人，虽然只是间接与艺术扯得上点关系，却对于才能这么瞧不起。

　　我听说有天生的歌手和后天练成的歌手。当然，尽管只要是歌手都得有一定的嗓音条件，但后天练成的歌手在很大程度上要归功于训练。他可以凭借品位和音乐能力来弥补嗓音的不足，他的歌声可以带来很大乐趣，尤其对鉴赏家来说。但他永远不会打动你，因为你被天生的歌手那纯净的、百灵鸟般的歌喉迷住了。天生的歌手可能训练不足，他可能既没有技巧，也没有知识，他可能会触犯所有艺术准则，但他的声音就是有能够迷住你的魔力。当那些天堂般的声音吸引住了你的耳朵时，你会原谅他的我行我素、粗俗鄙陋，还有他那情感过于强烈的吸引力。我是一个后天练成的作家。但如果我认为我在自己身上取得的成绩是刻意练习的成果，那就属于往自己脸上贴金了。我只是被非常简单的动机吸引到各条道路上，只有回过头来看，我才发现自己下意识地在努力达到某个目的。最终是发展我的性格，从而弥补我天生天赋的不足。

我有一个清晰而富有逻辑的大脑，但思考事情既不够精密，也不够有力。很长一段时间以来，我都希望自己的脑子能发挥更大作用。以前我还因为觉得自己的脑子不够而大为愤怒。我就像一个只会做加法和减法的数学家，尽管想处理各种复杂的运算，却知道自己根本没有能力。我花了很长时间才能接受并充分利用我所拥有的长处。现在我认为，我的脑子已经足以令我在任何行业做到成功了。我不是那种除了一块长板，其余都是短板的人。在法律、医学和政治领域，清醒的头脑和对人的洞察力都是有用的。

我有一个优势。我写作从来不缺主题。我脑子里有很多故事，而我却没有时间将其一一写出来。我经常听到作家抱怨他们想写，但没什么可写的，我记得一位杰出的作家告诉我，她正在通读一本将所有使用过的主题都汇编成册的书，只为寻找灵感。我从未发现自己陷入这样的困境。正如我们所知，斯威夫特声称可以就任何主题进行写作，有人曾挑战他，让他以"扫把"为主题写一篇论文，最后他漂亮地完成了挑战。我几乎倾向说，我与任何人共同待一个小时，都会得到至少一个可读的关于他的故事材料。脑海中有这么多故事无疑是件好事，不论心情如何，在一两个小时或一周左右的时间里，你都可以放任自己的思想在其中遨游。幻梦是创造想象力的基础。艺术家的特权在于，对他来说，这并不像对其他人那样是对现实的逃避，而是他接受现实的方式。他的遐想是有目的的。与之相比，感官的乐趣显得微不足道，它给了他一种快乐，也给了他自由的保证。要是有时他不愿意用这种享受来换取将它实际写出来的繁重工作和痛苦，也是非常正常的。

但是，尽管我有各种各样的创作，这并不奇怪，因为人类具备多样性的特点，但我的想象力有限。我取材于活着的人，然后把他们带到其性格所表明的情境中，也许是悲剧，也许是喜剧。我甚至可以说，是他们编造了自己的故事。我无法进行那种伟大的、持续的天马行空，乘着飞马扶摇而上直冲九天。我的幻想从来不是很强烈，还要被我对可能性的感受所阻碍。我创作的从来都是画架上的画，而不是壁画。

第 24 章
论文化

　　我衷心希望在我年轻的时候，能有一个理智的人来指导我的阅读。当我回想自己在那些对我没有太大好处的书上浪费的时间时，我不禁扼腕叹息。我只得到过一点点微不足道的指引，来自和我住在海德堡的同一个家庭的年轻人。那时我称呼他布朗。当时他二十六岁。离开剑桥后，他取得了律师资格证，但他兜里有点小钱，以当时的物价水平能够过得很舒服了，但他又觉得法律令人反感，于是决定投身文学。他来到海德堡是为了学习德语。我跟他认识了四十年，一直到他去世。前二十年，他一直想象着自己真正开始写作时会写什么，以此自娱；后二十年，他想的是如果命运对待他更仁慈些的话，他能写出什么样的作品。他写了很多诗。他既没有想象力，也没有激情，而且他的耳朵有缺陷。他花了几年时间翻译柏拉图的对话，可这些对话已经被翻译无数遍了。就算这样，我还是怀疑他到底有没有译完全篇。他这人意志力十分薄弱。他多愁善感，又特别虚荣。虽然个子矮，但他很英俊，五官精致，头发卷曲。他有一双淡蓝色的眼睛，表情充满渴望。他看起来就像人们想象中的一位诗人应有的样子。过了前半辈子懒散的生活，老来他变成了消瘦可怜的秃顶老头儿，有了一种苦行僧的气质，所以你可能认为他多年来一直保持着极高的创作和研究热情，以致透支了身体呢。他的表达具有灵性气质，给人的印象是一位探索过生存奥秘，最后只发现虚无的哲学家，说起话来满是倦怠的怀疑主义。在逐渐浪费了自己的财富后，他更喜欢依靠他人的慷慨生活，既不去工作，还经常入不敷出。但他从来都保持着自满自负。这使他能够顺从地忍受贫穷，漠然地接受失败。我认为他从来没有意识到自己是一个无耻的骗子。他的一生都是谎言，但当他快要死的时候——如果他知道自己命不久矣的话，幸运的是，他并不知道——我相信他会好好看待这件事。他很有魅力，没有嫉妒心，虽然他太自私了，没帮过别人什么忙，但他对人并不尖酸刻薄。他对文学有真正的鉴赏力。我们一起在海德堡的山丘上散步时，他和我聊起了书。他和我谈论了意大利和希腊，事实上，他对这两个国家了解甚少，但他激发了我年轻的想象力，我开始学习意大利语。我怀着对传教士的热情，接受了他告诉我的一切。他对某些作品充满了热情的钦佩，而时间证明这些作品并不那么令人钦佩，但我也不应责怪他。他刚搬来时，发现我在读《汤姆·琼斯》，这本书是我从公共图书馆借出来的，他告诉我这本书当然没有害处，但我应该读《歧路中的戴安娜》①。早在那时，他就是一位柏拉图主义者，他给我看了雪莱翻译的《会饮篇》。他和我谈到了勒南②、红衣主教纽曼和马修·阿诺德。但他认为，马修·阿诺德有些市侩。他和我谈论了斯温伯恩的诗歌和歌谣以及奥马尔·海亚姆③。他背下了许多四行诗，并在我们散步时背诵给我听。我被两种感觉夹在了中间：一种是被四行诗中浪漫享乐主义的热情所感染，另一种是布朗诵方式的尴尬，因为他背诵诗歌就像一位高级教堂牧师在光线不好的地下室里吟诵连祷文一样。

但是，如果你想成为一个有文化的人，而不是一个市侩的英国人，那么真正有必要钦佩的两位作家

---

① 《歧路中的戴安娜》（*Diana of the Crossways*）：梅雷迪思出版于1885年的长篇小说。

② 勒南（Ernest Renan, 1823—1892）：法国史学家、作家。

③ 奥马尔·海亚姆（Omar Khayyam, 约1048—1131）：波斯博学多才的诗人、数学家、天文学家、医学家和哲学家。

是沃尔特·佩特和乔治·梅雷迪思。我已经准备好照着这话去做了，以期实现这个理想的结局，我读《为夏巴特修面》时常常发笑，而这听起来很不可思议。在我看来，这本小说真是非常有趣。然后我一本接一本地读了乔治·梅雷迪思的小说，我觉得它们非常精彩。但说实话，它们并没有我假装的那么精彩。我的钦佩多多少少有些做作了。我之所以很欣赏它们，只是因为这些作品是一个有教养的年轻人应该欣赏的。我陶醉在自己的热情中。我没有听从我内心那微弱的声音。现在我知道这些小说中有很多浮夸的地方。但奇怪的是，再读一遍，我又想起了第一次读它们的日子。对我来说，它们就是那时阳光明媚的早晨，就是那初出茅庐刚刚觉醒的心智，就是那年轻时的美好梦想，所以即使我读完梅雷迪思的一部小说，比如《伊万·哈林顿》，并认为它的虚伪令人愤怒，它的势利令人厌恶，它的冗长令人无法忍受，我再也不会读了，可我的心已经被融化，还是觉得它很伟大。

另外，我对沃尔特·佩特就没有这样的感觉，虽然我在同一时期也读他的作品，也怀着同样的兴奋。对我来说，没有任何愉快的联想能给他带来他并不具备的优点。我觉得他就像阿尔玛·达德玛[1]的画一样乏味。奇怪的是，人们竟然能对那篇散文

---

① 即劳伦斯·阿尔玛·达德玛（Lawrence Alma-Tadema，1836—1912），英国皇家学院派画家中的世俗装饰大师。

称赞不已。它根本一点都不流畅，里头也没什么值得称道的风格和味道。就像一个没有高超技术的人精心制作的马赛克壁画，只能用来装饰车站餐厅的墙壁。佩特对周围生活保持一种隔绝的态度，稍显目中无人，有一种老绅士的派头，简单来说，就像大学学监似的拿腔拿调，让我反感。艺术应该以激情和热烈的态度来欣赏，而不是以一种不温不火、令人反感的优雅方式来欣赏，就像害怕公共休息室中人们批判的眼神一样。但沃尔特·佩特是一个软弱的人：我们没有必要严厉地谴责他。我不喜欢他，不是因为他自己，而是因为他是文学界常见而令人厌恶的典型。这就是一个充满文化自负的典型代表。

文化的价值在于它对性格的影响。除非它能使人类的性格变得更正直高贵，否则它就一文不值。它的用途是终身的。它的目的不是美，而是善。正如我们所知，它往往会引起人的自满自负情绪。谁没有见过，当学者纠正一个错误的引用时他抿起嘴自满的微笑？当有人称赞一幅他不喜欢的画时，鉴赏家痛苦的表情？读过一千本书也不比犁过一千块地更有价值。能够准确地描述一幅画也不比能够找出汽车熄火原因更有价值。它们在各自的情境下都是专业知识。股票经纪人有他的知识，艺术家也是。知识分子认为他是唯一重要的人，这是一种愚蠢的偏见。真、善、美并不是那些上过昂贵学校、逛过图书馆、经常去博物馆的人的特权。艺术家没有任何借口居高临下地利用他人。如果他认为自己的知识比别人的知识更重要，那他就是傻瓜。如果他不能在平等的基础上平和地待人接物，那他就成了白痴。马修·阿诺德坚持反对庸俗主义，这对文化造成了极大伤害。

第25章
书痴

我十八岁的时候，会法语、德语和一些意大利语，但我所受的教育太少了，我深深意识到自己的无知。我能拿到手的书都有好好读。我的好奇心十分旺盛，以至于我不仅要读普罗旺斯诗歌或圣奥古斯丁的《忏悔录》，也愿意读秘鲁的历史或牛仔的回忆录。我想这让我学到了一定常识，这对小说家来说还是很有用的。人们永远不知道什么时候一条冷僻的信息会派上用场。我列出了我读过的东西，现在，碰巧我现在还保留着其中一个清单。我简直不敢相信，那时候，我两个月内竟读了那么多书。清单上写着，我读了三部莎士比亚的戏剧、两卷本的蒙森①的《罗

---

① 即克里斯蒂安·蒙森（Christian Mommsen，1817—1903），德国古典学者、法学家、历史学家、记者、政治家、考古学家、作家，1902年诺贝尔文学奖获得者。

马史》、朗松①的《法国文学史》的大部分、两三部长篇小说、一些法国经典作品、几部科学著作和易卜生的一部戏剧。我确实是个勤奋的学徒。在圣托马斯医院期间，我系统地学习了英语、法语、意大利语和拉丁语文学。我读了很多历史、一点哲学和很多科学。我的好奇心太过旺盛，以至于没有足够的时间来思考读到的东西。我迫不及待地想读完一本书，又迫不及待地想开始另一本书。这一直都是一次冒险，我会兴奋地开始阅读一部著名的作品，就像一个通情达理的年轻人要去为自己支持的球队助威，或者一个漂亮的女孩要去参加舞会一样。时不时会有寻找报道素材的记者问我人生中最激动人心的时刻是什么时候，要是我脸皮厚些，可能回答说是我开始阅读歌德的《浮士德》的时刻。我从未完全失去过这种感觉，即使是现在，有时一本书的头几页也会让我血脉偾张。对我来说，阅读是一种休息，就像其他人聊天或打牌一样，甚至不仅仅如此。对我来说，阅读甚至是必需品，如果我被剥夺了阅读的权利，我发现自己和被剥夺毒品的瘾君子一样易怒狂躁。我宁愿看时间表或目录，也不愿什么都不看。还有更过分的，我花了很多时间开开心心地仔细研究陆军和海军商店的价目表、二手书商

① 即居斯塔夫·朗松（Gustave Lanson，1857—1934），法国文学史家。

的名录和美国广播公司的价目表。所有这些都散发着浪漫的气息。它们比一半的小说要有趣得多。

唯一能让我把书放在一边的时候只有我意识到时间在流逝、活着才是我的正事之时。我之所以要进入这个世界，是因为我觉得要想获得写作的经验，就必须这么做。在我看来，仅仅成为一名作家是不够的。在我为自己设计的模式中，我坚持认为我应该在"做一个人"这件美妙的事情上做到尽善尽美。我想感受旁人的痛苦，享受旁人的快乐，这是人类共同命运的一部分。我认为没有理由将感官的需求置于精神的迷人诱惑之下，我决心从社交和人际关系中，从食物、饮料和奢侈、体育、艺术、旅行中，以及如亨利·詹姆斯所说的无论什么东西中，获得我所能得到的一切满足。但这是我需要付诸努力去获得的，当我能回到书本和自己的好友身边时，我总是如释重负。

然而，尽管我读了很多书，但我仍然是一个糟糕的读者。我读得很慢，而且不太喜欢跳着读。当我发现一本书时，不管它多么糟糕、多么让我厌烦，我都很难不把它读完。我可以用手指数出我没有从头到尾读过的书的数量。另外，我读过两遍的书也很少。我很清楚，有很多书我只读一遍是没法儿获得全部价值的，但至少第一遍阅读的时候我已经获得了相应的价值，尽管我可能忘记了它们的细节，但这仍然是一种永久的财富。我认识一些人，他们一遍又一遍地读同一本书，原因只有一个，那就是他们只用眼睛在读，而没有用心读。这无疑是一种无害的消遣，但如果他们认为这么做很有价值，那就大错特错了。

第 26 章
如何看待批评

在我年轻的时候，当我对一本书的本能感觉与权威评论家不同时，我毫不犹豫地得出结论是我错了。我不知道批评者接受传统观点的频率有多高，我也从未想过他们可以放心谈论他们不太了解的东西。很久以前，我才意识到，在一件艺术作品中，对我来说唯一重要的是我对它的看法。现在，我对自己的判断有了一定信心，因为我注意到，四十年前我对当时阅读的作家的本能感受，以及因与当前观点不一致而不加理会的其他感受，现在也都被普遍接受了。尽管如此，我还是读了很多批评，因为我认为这是一种非常令人愉快的文学创作形式。一个人并不总是想为了自己的灵魂而阅读，没有什么比阅读一卷批评文章更能消磨一两个小时的时间了。看法相同自然很有意思。看法不同同样也很有意思。了解一个聪明人对某位作家的评价总是很有趣的，比如亨利·莫尔，或者理查森①，你从来没有机会阅读他们的作品。

但一本书中唯一重要的是它对你的意义。对于评论家来说，它可能有其他更深刻的意义，但若是间接接触，它们对你的用处就很小了。我不是为了读书而读书，而是为了我自己。我的任务不在于判断我看的书，而是吸收我能吸收的东西，就像变形虫吸收异物的颗粒一样，而我不能吸收的东西与我无关。我不是学者、学生或评论家，我是一名专业作家，现在我只读对我专业有用的东西。任何人都可以写一本书，彻底改变托勒密王朝几个世纪以来的思想，我会满足不读。他可以描述巴塔哥尼亚市中心令人难以置信的冒险之旅，对此我一无所知。小说作家没有必要成为任何主题的专家，只有他自己的主题。相反，这对他来说是有害的，因为人性是脆弱的，他很难抗拒不恰当地使用自己的专业知识的诱惑。小说家太过技术化是不明智的。这种在十九世纪九十年代开始流行的做法，使用大量不恰当的术语，令人厌烦。如果没有它，应该可以提供逼真的效果，而气氛是以乏味为代价购买的。小说

---

① 即塞缪尔·理查森（Samuel Richardson, 1689—1761），英国著名小说家，保守派作家，代表作品有《克拉丽莎》（Clarissa）、《帕米拉》（Pamela）等。

家应该对与人有关的重大问题有所了解，这些都是他的主题，但如果他只知道一点也足够了。他必须不惜一切代价避免迂腐。但即便如此，这个领域也是广阔的，我试图将自己限定在对我的目标有重要意义的作品中。你对你的角色永远不够了解。传记和回忆录、专业性的作品通常会给你一个亲密的细节、一种诉说的感觉、一种揭示的暗示，这是你可能不会从一个活生生的模特那里得到的。人们很难了解，诱导他们讲一讲关于对他们自己且对你也有用的事是一件很缓慢的过程。它们的缺点是，通常你不能像看一本书一样，把它们放在一边，你必须阅读整本书，结果却发现它没有什么要告诉你的。

第 27 章
年轻作家

有时急于写作的年轻人会恭维我，让我告诉他们一些必须阅读的书。我告诉了他们，但他们很少读，因为他们似乎没有什么好奇心。他们不在乎他们的前辈们做了什么。当他们读过两三本伍尔夫夫人的小说、一本E.M.福斯特的小说、几本D.H.劳伦斯的小说，奇怪的是，还有《福尔赛世家》①时，他们就认为自己掌握了小说艺术的一切。诚然，当代文学具有古典文学所不具备的生动吸引力，年轻作家应该知道同时代的人在写什么以及如何写的。但文学中也有时尚，很难判断当下流行的写作风格有什么内在价值。熟悉过去的伟大作品是一个很好的比较标准。有时我想知道，是否因为他们的无

---

① 《福尔赛世家》（*Forsyte Saga*）：英国小说家、剧作家约翰·高尔斯华绥（John Galsworthy，1867—1933）的代表作。

知，许多年轻作家，尽管他们有能力、智慧、娴熟的技巧，却经常失败。他们写了两三本书，这些书不仅精彩，而且成熟，然后就完成了。但这并不能丰富一个国家的文学。因此，必须有作家，他们不仅能写出两三本书，而且能写出大量作品。当然，这将是不均衡的，因为要创作出一部杰作，必须有这么多幸运的情况。但一部杰作更可能是一个艰苦职业生涯的终点，而不是一个未受过教育的天才的侥幸。作家只有不断更新自己，才能多产。只有通过新鲜的经验不断丰富灵魂，他才能更新自己。没有什么比对过去伟大文学的迷人探索更富有成果的了。

因为一件艺术品的制作并不是奇迹的结果，需要准备。无论土壤多么肥沃，都必须被滋养。通过思考，通过深思熟虑，艺术家必须扩大、深化和多样化自己的个性。然后土壤必须休耕。就像基督的新娘一样，艺术家等待着将带来新的精神生活的光明。他耐心地做着自己平常的业余爱好，潜意识地做着神秘的事情。然后，突然间，你可能会想到，这个想法产生了。但就像播种在石头地上的玉米一样，它很容易枯萎，必须小心照料它。艺术家的所有思想力量、技术技能、经验，以及他身上的任何性格和个性，都必须致力于创作，这样他才能不遗余力地呈现出适合他的完整性。

但我并没有对年轻人感到不耐烦，只有在他们的要求下，我才坚持建议他们读莎士比亚和斯威夫特，他们告诉我，他们在幼儿园读《格列佛游记》，在学校读《亨利四世》。如果他们觉得《名利场》令人难以忍受，而安娜·卡列尼娜却在原地踏步，那就是他们自己的事了。除非你喜欢阅读，否则没有什么值得一读的。至少对他们来说，他们不会因为知识的自负而痛苦。他们并没有因为广泛的文化而对那些毕竟是他们物质来源的普通人产生同情。他们离同伴更近了，他们所练习的艺术并不是一个谜，而是一门与其他任何艺术一样的技艺。他们写小说和戏剧就像其他人造汽车一样无拘无束。这太好了。对于艺术家，尤其作家来说，在他自己内心的孤独中构建了一个不同于其他人的世界，使他成为作家的特质将他与他们区分开来，矛盾的是，尽管他的目的是真实地描述他们，但他的天赋使他无法真实地了解他们。就好像他迫切想看到某件事，可越看越在这件事的面前蒙上了面纱。作家站在他所从事的行动之外。他是一个喜剧演员，在这个角色中从未完全迷失自我，因为他也是观众。可以说，诗歌是一种在平静中被铭记的情感。但诗人的情感是特定的，是诗人的情感，而不是常人的情感，而且从来不是无私的。这就是为什么具有本能常识的女性经常发现诗人的爱情并不令人满意。也许，当今的作家们更接近他们的原材料，普通人中的普通人，而不是外星人群中的艺术家，可能会打破他们独特的天赋所带来的障碍，从而比以往任何时候都更接近真实。

第28章
旅行的意义

　　我身上有十足的知识分子的傲慢，如果我像自己希望的那样失去了这种傲慢，我必不会将其归因于自己的美德或智慧，而是归因于使我比大多数作家更像一个旅行者的机会。我对英国情有独钟，但在那里我从未有过宾至如归的感觉。面对英国人，我总是很害羞。对我来说，英国是一个有着我不想履行的义务和让我恼火的责任的国家。在打通祖国和我之间的通道之前，我从未有过完全的自我的感觉。一些幸运的人在自己的脑海中找到了自由，我的精神力量不如他们，便在旅行中找到它。当我还在海德堡的时候，我就设法参观了德国的很多地方（在慕尼黑，我看到易卜生在马克西米利安那霍夫喝了一杯啤酒，皱着眉头看报纸），然后我去了瑞士。但我真正的第一次旅行是去意大利。我读了很多沃尔特·佩特、罗斯金和约翰·阿丁顿·西蒙兹①的书，这让我受益匪浅。我有六个星期的复活节假期，口袋里有二十英镑。于是我去了热那亚和比萨，在那里，我跋涉了漫长的路程，在雪莱去过的松树林里坐了一会儿，他曾在那里读索福克勒斯，还写了关于吉他的诗。在佛罗伦萨，我在一位寡居女士的房子里住了一个月，和她的女儿一起读了《炼狱》，在拉斯金的陪伴下，度过了一段艰苦的日子，游览了风景。我欣赏拉斯金告诉我要欣赏的一切（甚至是乔托那座可怕的塔），并厌恶地避开了他所谴责的东西。他再也没有比这更热情的门徒了。之后我去了威尼斯、维罗纳和米兰。回到英国后，我对自己非常满意，并蔑视任何与我（以及拉斯金）对波提切利②和贝里尼③的看法不一致的人。当时我二十岁。

　　一年后，我再次前往意大利，远赴那不勒斯，发现了卡普里岛。那是我见过的最迷人的地方，第二年夏天，我在那里度过了整个假期。当时卡普里鲜为人

---

① 约翰·阿丁顿·西蒙兹（John Addington Symonds，1840—1893）：英国历史学家，著有《意大利文艺复兴》（*Renaissance in Italy*）等诸多历史作品。

② 即桑德罗·波提切利（Sandro Botticelli，1445—1510），欧洲文艺复兴早期佛罗伦萨画派的著名画家。

③ 即雅科波·贝里尼（Jacopo Bellini，1400—1470），文艺复兴时期意大利画家，威尼斯画派的奠基者。

知。从海滩到镇上没有缆车。夏天很少有人去那里，你可以以每天四先令的价格获得食宿，包括葡萄酒，从卧室窗户可以看到维苏威火山的景色。当时那里有一位诗人、一位比利时作曲家、我来自海德堡的朋友布朗、一两位画家、一位雕塑家（哈佛·托马斯）和一位曾在南北战争中在南方作战的美国上校。他们或在位于阿纳卡普里的上校家，或在广场附近的葡萄酒店莫尔加诺，谈论艺术和美、文学和罗马历史时，我就全神贯注地听着。我目睹过两个人因为在埃雷迪亚十四行诗的诗意价值上存在分歧而针锋相对。我觉得一切都很棒。艺术，为了艺术而艺术，是世界上唯一重要的东西。艺术家赋予了这个荒谬的世界以意义。政治、商业、学术职业——从绝对主义的角度来看，它们意味着什么？我的这些朋友（每一个，确确实实的每一个），他们可能不同意十四行诗的价值或希腊浅浮雕的卓越之处（希腊，那是我的眼睛！我告诉你这是罗马的复制品，如果我只告诉你一件事，那就是这个）。但他们都同意这一点，他们都燃烧着宝石般的赤焰。我太害羞了，不敢告诉他们我写了一本小说，另一部也写了一半，这对我来说是一个巨大的耻辱，因为我身上有一团宝石般的赤焰，不能被当作一个市井之人对待，让别人以为他只关心解剖尸体，会趁他最好的朋友不备，便给其灌肠。

第 29 章
学点外语

目前我已获得资格。我出版了一本小说，它取得了意想不到的成功。我以为我发了财，于是放弃医学，成为一名作家，去了西班牙。当时我二十三岁。在我看来，我比现在这个年龄的年轻人更无知。我在塞维利亚定居下来。我留了小胡子，抽了菲律宾雪茄，学会了吉他，买了一顶平顶宽檐帽，戴着它大摇大摆地走在塞尔佩斯街上，渴望得到一件飘逸的斗篷，内衬是绿色和红色的天鹅绒。但由于费用原因，我没有买这样一件斗篷。我骑着一个朋友借给我的马在乡下转了一圈。生活太愉快了，我无法全神贯注地研究文学。我的计划是在那里待一年，把西班牙语学会，然后去罗马，我对那里的了解仅限于旅行时的见闻，所以我要完善对意大利语的肤浅了解，然后去希腊旅行，在那里，我打算学习当地语言，以此作为修习古希腊语的一种方法，最后去开罗学习阿拉伯语。这是一个雄心勃勃的计划，但现在我很高兴自己没有执行。我按时去了罗马（在那里，我写了第一部剧本），但后来我又回到了西班牙。因为发生了一些我没有预料到的事情。我爱上了塞维利亚和那里的生活，顺便说一句，我爱上了一个有着绿色眼睛和快乐微笑的小东西（但我还是说断就断），我无法抗拒那份诱惑。我年复一年地回到当地。我漫步在白色寂静的街道上，沿着瓜达基维尔河漫步，在大教堂里闲逛，去看斗牛，与那些对我的要求在我微薄财力可以满足范围内的小东西逢场作戏。在青春韶华的年纪里生活在塞维利亚真是太棒了。我把我的教育推迟到一个更方便的时刻。结果是，除了英语，我从来没有读过其他语种的《奥德赛》，我也从来没有实现过用阿拉伯语读《一千零一夜》的抱负。

当知识界开始研究俄国时，我想起加图①八十岁时才开始学习希腊语，于是开始学习俄语，但那时我已经失去了年轻时的热情。我的俄语从来没有超过读契诃夫戏剧的程度，所知道的一点点也早就忘记了。现在我认为自己的这些计划有点荒谬。单

---

① 即马尔库斯·波尔基乌斯·加图（Marcus Porcius Cato，前234—前149），又称老加图（Cato Maior），罗马共和国时期的政治家、国务活动家、演说家，也是罗马历史上第一个重要的拉丁语散文作家。

词并不重要，重要的是它们的含义，我知道六种语言并没有任何精神优势。我见过会说多种语言的人。我没有注意到他们比我们其他人更聪明。如果你在一个国家旅行，对它的演讲有足够的了解，找到你想要的路，得到你想吃的东西，这是很方便的。如果它有相当多的文献，能够阅读它是令人愉快的。但这样的知识很容易获得。试图学习更多纯属徒劳。除非你把一生奉献给它，否则你永远学不会地道地讲出另一个国家的语言。你永远不会完全熟悉它的人民和文学。因为他们以及作为他们表达方式的文学作品不仅是他们所做的动作和使用的语言（了解起来这二者并没有很大困难），而且是祖先的本能，他们用母乳吸收的情感阴影，以及外国人永远无法抓住的天生态度。我们了解自己国家的人已经够难了。我们欺骗自己，尤其英国人，如果我们认为自己可以了解其他国家的人。因为四面环海的岛使我们与众不同，而一种共同的宗教所赋予的联系曾经缓解了我们的孤立性，却与宗教改革脱节了。为了获得一种永远都不肤浅的知识而费尽辛劳似乎并不值得。我认为，学习一点外语只是浪费时间，唯一的例外是法语。因为法语是受过教育的人的通用语言，说得好当然很方便，可以处理任何可能出现的话题。它有一部伟大的文学作品。除英国外，其他国家都有伟大的作家，而不是伟大的文学。在过去的二十年里，它对世界其他地区的影响是深远的。如果能够像母语一般阅读法语作品自然是很好的。不过，你也应该接受自己法语能力有限的事实。以我自己的实践经验来看，警惕一个法语说得很好的英国人绝对没错，他很可能是外交部门的得力助手或随员。

第 30 章
剧院风情

　　我从不为舞台着迷。我认识一些剧作家，每天晚上，他们都会走进正在上演他们所写戏剧的剧院。他们说这样做是为了确保演员们不会松懈，我则怀疑这是因为他们听不够别人吟咏他们所写的台词。他们的乐趣是在中场休息时坐在更衣室里谈论这一幕或那一幕，想知道为什么那天晚上没演好，或者祝贺自己演得这么好，此外，他们还会看演员化妆。他们总觉得当天的剧院八卦引人入胜，他们喜欢剧院和与之相关的一切。他们骨子里就有油彩。

　　我从来没有这样过。我所喜欢的剧院里面的一切都要盖着防尘布，观众席在黑暗中，舞台上未搭建布景，布景板靠着后墙堆放，只有脚灯照明。演员排练带给了我许多快乐的时光。我喜欢演员之间轻松的同志情谊，喜欢在拐角处的餐厅与演员匆匆共进午餐，喜欢四点钟由女服务员端来的浓苦茶，以及厚面包涂黄油。在我的第一部戏剧中，当我听到成年男女念出我的笔轻松写出的台词时，我从未完全失去那种惊讶的快感。我乐于看到角色在演员的塑造下的成长，从第一次毫无生气地阅读脚本到最后形成我脑海中所设想的角色。关于一件家具应该放在什么地方的重要讨论、导演的自负、一位女演员对自己的位置感到不满而发脾气、老演员耍手段去占据舞台中心的位置，以及对任何问题的杂乱无章的谈论都会让我分心。但最完美的是彩排。在正厅包厢的前排有六个人。他们是服装师，低调得像在教堂里一样，但非常正经。在表演过程中，他们互相简短而尖锐地窃窃私语，并做出一些重要的手势。你知道他们说的是裙子的长度、袖子的剪裁或帽子上的羽毛。幕布落下的那一刻，别针已经在他们嘴里了，他们赶紧穿过门道，走上舞台。导演大喊"升幕"，当幕布升起时，一位女演员从与两位冷酷的黑衣女士的激烈讨论中挣脱出来。

"啊，辛恩先生，"她喊道，"我知道衣服上的金银饰带不合适，但弗洛斯夫人说她会把它摘下来，换上一点蕾丝。"

正厅前排座位上有摄影师、经理和售票员，还有女演员的母亲、男演员的妻子，你自己的经纪人、女朋友，还有三四个已经二十年没有出演过角色的老演员。这些都是完美的观众。每演一幕后，导演都会读出他记下的备注。与电工的争吵不可避免，他只要摆弄好开关即可，而他却偏偏做不好。剧作家对他如此粗心和放纵感到愤怒，但转念一想，又觉得电工只是因为全神贯注于戏剧而忘记了工作，便又觉得没什么。也许有一个小场景在重复。然后布置有效位置，闪光灯突然亮起，照片拍摄好了。幕布被放下，众人为下一幕设置场景，演员们各自前往更衣室换衣服。服装师消失了，老演员们偷偷溜到拐角处喝了一杯。经理沮丧地抽着烟，演员们的妻子和母亲们低声交谈，剧作家的经纪人阅读晚报上的赛马新闻。这一切都是虚幻而令人兴奋的。最后，服装师穿过防火门回到座位上，竞争对手公司的代表彼此保持着傲慢的距离，舞台经理把头探出幕布。

"一切就绪，辛恩先生。"他说。

"好的，那就开幕吧。"

但彩排是我的戏剧给我的最后一点乐趣。在我早期几部戏剧上演的前几个晚上，我提心吊胆，因为它们的结果决定了我的未来。当《弗雷德里克夫人》①问世时，我已经快把二十一岁时赚的一点

---

① 《弗雷德里克夫人》（Lady Frederick）：创作于1903年，是毛姆戏剧创作巅峰期的代表作之一，颇受好评。

钱花光了，我的小说没有给我带来足够的收入，我也无法靠写新闻赚钱。我不时有机会写评论，有一次我说服了一位编辑让我为一部剧写剧评，但我显然在这方面没有天赋。事实上，那位编辑告诉我，我对戏剧毫无感觉。如果《弗雷德里克夫人》演出失败，那么在我看来，除了回到医院温习一年医学知识，然后在船上找个船医的活计，我别无选择。当时，这是一个不太受欢迎的职位，在伦敦拿到学位的人很少会去申请。后来，当我成为一名成功的剧作家时，在自己所写戏剧上演的前几个晚上，我会保持警觉，从公众的反应中辨别出自己的能力是否有所下降。我尽了最大努力融入观众之中。对于观众来说，第一晚的演出或多或少只是一个消遣，之前是七点半的零食时间，之后是十一点的晚饭时间，所以演出的成败无关紧要。我试着像看待别人首演那样去看待自己的首演。即便如此，我还是觉得这不是什么愉快的经历。听到一个愉快的笑话所带来的笑声，或者当一个场景逗乐了观众，于是在幕布落下时爆发出了掌声，这都对我没有好处。事实是，即使在我写得最轻松的作品中，我也投入了太多的自我，以至于听到它被披露给一群人时我都很尴尬。因为它们是我写的，它们给我带来了一种亲密感，我不愿意与所有人分享。即使我去看了一部翻译版的戏剧，以一个普通观众的身份坐在剧院里，我也会有这种不合理的感觉。事实上，如果我不认为有必要看看我的戏剧对观众的影响，从而学习如何写作，我根本不应该在首演之夜或其他任何时候去看我的戏剧。

第31章

舞台之上

　　演员这个行当很难。我说的不是那些因为脸蛋漂亮就能登台的年轻女性，要是当打字员只要求长得漂亮，那她们可能早就坐在办公室里头了；我说的也不是那些身材好，却没有其他特长只能登台表演的青年男性。这行当里进进出出的人太多了。女人嫁了人，男人要么进了酒商的办公室，要么从事室内装饰。我指的是以此为生的职业演员。他们有天赋，也有发挥天赋的欲望。这是一个需要辛勤劳动才能达到熟练水平的职业，所以当一个演员知道如何扮演任何类型的角色时，往往已经太老了，除了几个角色之外，其他什么都演不了。你还需要有无限的耐心。做演员的道路上充满了失望。长期无事可做，也只能甘心忍受。你的成就感有限，而且只能持续很短时间。回报也是不够的。演员任由命运摆布，全仰赖观众那阴晴不定的喜好。他一旦停止取悦观众，就会被遗忘。那么，即便他曾是观众的偶像，也毫无用处。就算他受冻挨饿，观众也根本不关心。想到这儿，再想想演员得势时的拿腔作势、贪慕虚荣和欲求不满，似乎也能够理解了。他想要张扬和荒谬，那就让他去吧。毕竟这一切只是昙花一现。再说了，他的自负也是他天赋的一部分。

曾经有一段时间，舞台是通往浪漫的大门，每个与之相关的人都显得兴奋而神秘。在十八世纪的文明世界里，演员们给生活带来了一丝幻想。他们那种放浪形骸的生活方式吸引了理性时代①的想象力，他们扮演的英雄角色、他们所说的诗句给他们带来了光环。在歌德的《威廉·迈斯特》这本精彩却不出名的书中，你可以看到这位诗人以极其温柔的态度看待一家充其量只算得上二流的旅行剧团。在十九世纪，演员为人们提供了一个体面地逃离工业时代的机会。他们身上的波西米亚风格激发了被迫在办公室谋生的年轻人的想象力。他们在这清醒的世界里放荡不羁，在这谨慎的世界里轻率自私，是幻想赋予了他们魅力。维克多·雨果的《我之所见》中有一段话，以其无意识的幽默打动了人们，

① 理性时代是十八世纪继神秘主义、宗教和中世纪迷信之后的一次运动，它象征着人类开始审视自己、追求知识和探寻宇宙的起源。

在这段话中，一位理智的无名小卒怀着对狂野的敬畏、惊讶和嫉妒，描述了与一位女演员的晚宴。他有生以来第一次感到自己很了不起。天哪，在她极尽奢华的公寓里，香槟简直遍地流淌，银器是多么亮眼，虎皮是多么高贵！

现在这种荣耀已经消失了。演员们已经安定下来，受人尊敬，生活富足。再把他们当作异类就是在冒犯他们了，毕竟他们也付出了和我们同样的辛苦和努力。他们在光天化日之下将赤裸裸的自己向我们展示，还恳求我们亲眼好好看看，他们也是高尔夫球手、纳税人，是有思想的男人和女人。在我看来，这都是胡说八道。

我非常了解一些演员。我发现他们是很好的伙伴。他们的模仿天赋、讲故事的技巧、机智灵敏的头脑常常使得他们十分讨人喜欢。他们慷慨、善良、勇敢。但我从来没有把他们看作普通人。我从未成功地与他们建立过任何亲密关系。他们就像填字游戏中那种没有任何匹配线索的单词。我想，事实是，他们的个性是由他们扮演的角色组成的，而其基础是无定形的。它是一种柔软、有延展性的东西，既可以呈现任何形状，也可以涂成任何颜色。一位聪明的作家提出，这么长时间以来，演员一直不被允许入葬圣地，其实并不奇怪，因为假设他们有灵魂本身就是荒谬的。这么说可能有些过了。他们当然非常有趣。而且说老实话，小说家和他们也有某种程度的类似：他们的性格和他一样，有一种不太可信的和谐。演员都是自己能扮演出来的人，而作家都是自己能创造出来的人。作家和演员代表的是他们在当下并没有感受到的情感。在生活之外与自己的另一面站在一起描绘生活是为了满足他们的创造性本能。假装就是他们的现实，公众既是他们的素材，又是他们的法官，抑或是他们哄骗的对象。因为假装是他们的现实，所以他们也可以把现实视为假装。

第 32 章
我开始写剧本

我开始写剧本，我想大多数年轻作家也是如此，因为把人们说的话写在纸上似乎没有构建叙事那么困难。很久以前，约翰逊博士就说过，形成对话比设计一场冒险要容易得多。翻看那些从十八岁到二十岁我为脑海中构思的戏剧写下场景的旧笔记本，我发现对话总体上很容易，也很可信。这些笑话不再让我发笑，但它们是以当时人们会说的话表述的。我本能地领会了那种口语的意味。但其中笑话不多，而且有些粗鲁。我的戏剧的主题弥漫着阴郁的色彩，都在忧郁、绝望和死亡中结尾。我第一次去佛罗伦萨旅行时，带着《群鬼》①作为闲暇放松读物，因为我正在认真地研究但丁，就把《群鬼》

---

① 《群鬼》（*Ghosts*）：1881年出版的书籍，作者是易卜生。

从德文翻译成了英文，为了方便学习其中的写作技巧。我记得，尽管我非常钦佩易卜生，但我还是忍不住觉得《群鬼》中曼德斯牧师这个角色有点无聊。当时《谭格瑞的续弦夫人》[①]正在圣詹姆斯剧院演出。

在接下来的两三年里，我完成了几部开场戏，并将其发送给了各个剧院经理。有一两本一直没有归还，由于我没有副本，所以算是彻底丢了。其他几部的回复也令人丧气，所以我要么收了起来，要么销毁掉了。在那个时候，以及之后的很长一段时间里，一个不知名的剧作家想要上演一部作品比现在困难得多。那时候，演出周期很长，费用捉襟见肘，而只要有需要，以皮内罗和亨利·亚瑟·琼斯为首的一小群作家就可以为大剧院创作出剧本。法国舞台仍在蓬勃发展，改编自法国的剧作也很受欢迎。我想，从乔治·摩尔的《阿林福德大罢工》是由独立剧院创作的这一事实来看，我明白了一点，我唯一能上演自己作品的机会就是先为自己树立小说家的声誉。所以我把戏剧放在一边，专心写小说。读者可能会认为这种有条不紊的工作方式对一个年轻的作家来说不合适。它表明你转去写小说的目的有些功利，而不是出于天赐的冲动，想

---

① 《谭格瑞的续弦夫人》（*The Second Mrs. Tanqueray*）：英国剧作家阿瑟·温·皮内罗（Arthur Wing Pinero，1855—1934）的代表作。

用艺术作品丰富世界。当我出版了几部长篇小说，并准备好了一卷短篇小说集供出版时，我坐下来写了我的第一部长篇剧本，名字叫《正人君子》。我把它寄给了福布斯·罗伯逊，当时他是一位受欢迎的演员，以有艺术倾向而闻名。三四个月后，当他把它还给我时，我又把它给了查尔斯·弗罗曼。他也归还了它。后来我又出版了两部小说，其中一部（《克拉多克太太》）取得了相当大的成功，所以我开始被视为一个严肃而有前途的小说家，于是我重写了剧本，然后把它寄给了舞台协会。他们接受了剧本，委员会成员W.L.考特尼非常喜欢，并将其刊登在《双周评论》上。以前他只出版过一部戏剧——克利福德夫人的《夜的模样》，所以这是一种莫大的荣誉。

由于当时舞台协会是唯一一个此类性质的组织，所以他们制作的作品吸引了很多人的注意，评论家们对我的剧本非常认真，就好像它已经在一个重要的剧院上演过一样。那帮以克莱门特·斯科特为首的雇佣文客则把它批得不值一钱。《星期日泰晤士报》的评论家表示，这部作品没有表现出任何舞台天赋的迹象。只是我已经忘记这位评论家是谁了。但那些受易卜生影响的评论家认为这是一部值得引起注意的作品。他们对我表示了同情和鼓励。

我以为我已经向前迈出了一步，再往后的道路就不会有太大困难了。可没过多久，我就发现，除了学习了很多剧本写作技巧之外，我什么成果也没取得。两场演出之后，我的剧本就夭折了。对实验剧院感兴趣的一小部分人倒是知道了我的名字，如果我还能写出合适的剧本，我毫不怀疑舞台协会会上演它们。但我已经不满足于此了。在排练期间，我接触到了对舞台协会，尤其对格兰维尔·巴克感兴趣的人，他在我的戏剧中扮演主角。我发现这些人似乎对我持敌对态度。我觉得他们实在有些自视甚高，心胸狭隘。格兰维尔·巴克很年轻。当时我才二十八岁，我想他比我还要小一岁。他有魅力，心态很好，有一种轻快的风度。他脑子里充斥着别人的想法。但我在他身上感到了对生命的恐惧，他试图通过蔑视普通群体来掩盖这种恐惧。很难找到任何他不鄙视的东西。他缺乏精神活力。我认为一个艺术家需要更多的力量、更多的勇气、更多的直率、更多的胆量、更强的干劲。他写了一部戏剧《安·利特的婚姻》，在我看来，这部剧缺乏活力和主见。我喜欢生活，也乐意享受生活。我想尽我所能从生活中得到一切。我不满足一小群知识分子的欣赏。我对他们的资格心存疑虑，因为我去看过一场愚蠢而非常普通的小闹剧，舞台协会莫名其妙地上演了这场闹剧，成员们还笑得前仰后合。我一点也不确定他们对更高层次戏剧的关注里有多少装模作样的成分。我想要的不是这样的观众，而是广大民众。

而且，那时候我很穷。如果能由得我自己，我根本不想住在阁楼里。我发现钱就像第六感，没有它，你就无法充分利用其他五种感觉。

在《正人君子》的排练过程中，我发现第一幕中一些轻浮的玩笑很有趣，于是觉得自己有能力写一部喜剧。我下定决心现在就写一本。我给它起名叫《面包和鱼》。它的主人公是一位处事圆滑、雄心勃勃的牧师，故事讲述他如何追求一位富有的寡妇、如何耍阴谋获得主教职位，以及最后如何俘获了一位漂亮的女继承人的芳心。没有哪位经理愿意考虑它，人们认为嘲笑牧师的戏剧叫人无法忍受。当时我得出的结论是，我最好的机会是为一位女演员写一部喜剧，让她在里面扮演一个重要角色，而如果她喜欢这部戏，就可能说服经理试演这部剧。我问自己，什么样的角色可能吸引女主角，于是下定决心写了《弗雷德里克夫人》。它最出彩的一场戏，也是后来使它如此成功的一场戏，是女主人公为了让一个年轻的情人灰心，故意让他走进她的化妆室，发现她脸上没有化妆，头发蓬乱。在多年前的那个时代，化妆并不普遍，大多数女性戴着假发。但没有一个女演员会同意让观众看到她处于这种状态，于是一个又一个经理拒绝了。因此我下定决心设计一部没有人能反对的戏剧。于是我写了《多特夫人》，可它也遭受了与其他剧本相同的命运。经理们认为这部剧太微不足道了。他们抱怨戏里没有足够的动作，当时很受欢迎的女演员玛丽·摩尔小姐建议我插入入室盗窃的剧情，好让这出戏更引人入胜。我开始想，我永远不可能写出一部让女主角非常喜欢的作品了，所以我尝试写了一部男人戏，叫《杰克·斯特劳》。

我一直认为，我在舞台协会取得的小成功会给经理们留下对我有利的印象。可令我感到羞愧的是，事实并非如此。事实上，我与那个组织的联系让他们对我产生了偏见，因为他们认为我只能写阴郁又赚不着钱的剧本。他们不说我的喜剧很悲观，可就是觉得看起来叫人不快，并确信一个子儿也挣不着。我当然应该在绝望中放弃写剧本了，因为每次手稿都被拒绝，多少还是有些受打击的。但对我来说幸运的是，戈尔丁·布莱特认为我的剧本很有市场，于是揽下推销它们的任务。他把它们交给了一个又一个经理，终于在1907年，我已经写了六部长篇作品后，经过十年的等待，《弗雷德里克夫人》在宫廷剧院上演了。三个月后，《多特夫人》在喜剧剧院演出，《杰克·斯特劳》在杂要剧院上演。六月，刘易斯·沃勒在抒情剧院上演了一部名为《探险家》的戏剧，这是我在《正人君子》之后创作的一部戏。我终于算是如愿以偿了。

第 33 章
赢得观众

前三部剧都演了很长时间。《探险家》也只能说是没有失败。我赚的钱不多，因为在那些日子里，一部热门戏剧的收入比现在少得多，我的版税也很少，但我摆脱了拮据的生活，我的未来也有了保障。事实上，我同时有四部戏剧在上演，这让我名噪一时，伯纳德·帕特里奇[1]为《笨拙》周刊[2]画了一幅漫画，画中，威廉·莎士比亚在一幅我的戏的广告木板前啃着手指。我被拍了很多照片，也接受了很多采访，达官显贵都来主动结识。我的成功既不可思议，也出乎意料。与其说我兴奋，不如说我松了一口气。我认为我缺乏惊讶的品质，就像

---

① 伯纳德·帕特里奇（Bernard Partridge, 1861—1945）：英国漫画家。

② 《笨拙》（Punch）周刊，是英国1841年创办的杂志，以刊登讽刺性幽默文章、漫画和卡通而闻名于世。

在旅程中，我认为最奇怪的景象和最新奇的环境非常普通，我不得不强迫自己认为它们是非凡的，所以现在我把所有这些事情视为自然。一天晚上，当我独自在俱乐部用餐时，一位陌生的会员正在我隔壁的桌子上招待一位客人。他们要去看我的一场演出，开始谈论我。这位陌生人提到我也是俱乐部的成员，于是他的客人说："你认识他吗？现在这人怕是自负极了。"①

"啊，是的，我很了解他，"那位会员回答，"他调子高得已经找不到一顶大到适合他的帽子了。"

这话说得可太有失偏颇了。我认为成功是我应得的。名噪一时固然令我高兴，但我也没怎么当回事。我能回忆起那段时期，记忆里唯一明确的反应是一天晚上我在潘顿街散步，经过喜剧剧院时，我碰巧抬头看到落日照亮了云朵。我停下来看了看这美丽的景色，心想：感谢上帝，现在我可以单纯地欣赏日落了，而不必考虑如何描述它。当时我本想不再写小说，而是将余生奉献给戏剧。

尽管公众热情地接受了我的剧本，不仅在英国和美国，而且在欧洲大陆，但批评意见绝非一致。受众面广的报纸称赞它们的机智、欢乐和戏剧效

① 此处"自负"一词原文为swollen-headed，字面意思为"头大的"，所以下文有"他调子高得已经找不到一顶大到适合他的帽子了"的说法。

果，但对其中的愤世嫉俗吹毛求疵。另外，更严肃的批评家对它们非常不满。他们觉得我的戏廉价又琐碎。他们告诉我，我出卖了自己的灵魂，只为换取金钱。而知识分子——我曾是其中一个谦逊但受人尊敬的成员，现在他们不仅冷漠待我——这已经够糟糕的了，而且说得我像路西法一样，一头扎进了无底洞永世堕落。我对此十分惊讶，也有些备受屈辱，但我还是坚强地接受了事实，因为我知道这不是故事的结局。我曾渴望一个特定的结果，并采取了我认为唯一可能的手段来实现它。如果有人愚蠢到看不到这一点，我只能耸耸肩表示无奈。

如果我继续写像《正人君子》那样苦涩的剧本，或者像《面包和鱼》那样讽刺的剧本，我就永远不会有机会创作出即使是最严厉的人也不会拒绝赞扬的作品了。批评者指责我是为了迎合大众才写作，但事实并非如此。当时我热情高涨，有写出有趣对话的能力，有一双看穿喜剧本质的慧眼，还有一种轻率的快乐。我身上还有更多特质，但我暂时把这些放在一边，只用那些对于写喜剧这个目标有用的侧面来写作。我写喜剧本来就是为了取悦他人，我的剧本也很好地实现了这一目标。

我无意以一鸣惊人的成功告终，我写了接下来的两部剧来巩固我对公众的影响力。它们大胆了一点，虽然现在看起来温和而单纯，但当时受到了更为严厉的攻击。其中一部《佩内洛普》想来还是可圈可点，因为二十年后，当它在柏林再次上演时，整整一季度，剧院里都座无虚席。

到目前为止，我已经学会了我所能学到的所有戏剧技巧，除了《探险家》，由于我看得很清楚的原因没能让人满意，但我还是取得了一系列不间断的成功。我想是时候尝试更严肃的工作了。我想看看自己能如何诠释更为复杂的主题，我想做一两个我认为在戏剧上有效的小技术实验，我想看看自己能在公众面前走多远。我写了《第十个人》和《地主乡绅》，此外，在我桌子上落灰十几年的《面包和鱼》终于上演了。这三部剧都谈不上成功，但也说不上失败。经理们在它们身上既不赚钱，也不赔钱。《面包和鱼》没能长久流传下去，因为那时候的公众看到牧师被取笑还是会感到不安。这部剧写得有点夸张，所以给人的感觉更像是闹剧，而不是喜剧，但其中有一些有趣的场景。另外两部属于被夹在中间了。其中一部描绘了乡村绅士狭隘、隐秘的生活，另一部是政治和金融世界。我对这两个领域都有所了解。我知道我必须写得有趣、丰富，而且能够娱乐大众，于是我把调子调高了。它们既不现实，也不戏剧化。我想鱼和熊掌兼得，最后两头没落好。观众觉得它们很不讨人喜欢，也不太真实。

然后我休息了两年，后来写出了《应许之地》。战争爆发时，它已经在坐满观众的剧院里上演了好几个月。我在七年内创作了十部戏剧。知识分子们倒是对我下了宣判，决定与我划清界限，不过我已经毫无疑问取得了公众的欢心。

第 34 章
喜剧作家

战争期间，我不时有很多空闲时间。起初，因为我正在做的工作只占了我一天中的一部分时间，写剧本只是一种方便的方式，可以分散我对所从事活动的注意力。后来，我感染了肺结核，不得不长时间躺在床上，写剧本又成了一种消磨时间的愉快方式。我接连写了一系列剧本。以1915年的《位居我们之上的人们》为始，又以1927年的《忠贞的妻子》为止。

这些戏剧大多是喜剧。它们是按照哥德史密斯[1]

---

[1] 即奥利弗·哥德史密斯（Oliver Goldsmith，1728—1774），英国作家、诗人，代表作品有小说《威克菲牧师传》（*The Vicar of Wakefield*）和诗歌《荒村》（*The Deserted Village*）等。

和谢里丹①继承的复辟时期蓬勃发展的传统写成的，由于这种传统已经流行了很长时间，想必其中的确有一些特别吸引英国人脾气的东西。不喜欢它的人把它描述为"人为的喜剧"，并愚蠢地认为这就算是在谴责它了。这不是动作剧，而是一部对话剧。它以放纵的犬儒主义态度对待上流社会的幽默、愚蠢和罪恶。它时而温文尔雅，时而多愁善感，因为这是英国人的性格，也有点不真实。它里头并没有说教的内容，有时它会吸取教训，但有时又耸耸肩，让你别这么紧张。当忙碌的伏尔泰先生去见康格里夫②，与他讨论当前的戏剧时，康格里夫先生向他指出，他是一位绅士，而不是一位剧作家。伏尔泰回答说："如果你只是一位绅士，我就不会费力来拜访你了。"伏尔泰先生无疑是他这个时代最聪明的人，但在这里，他表现得缺乏智慧。其实康格里夫先生的话大有深意。这表明他非常清楚，从喜剧的角度来看，喜剧作者必须考虑的第一个人就是他自己。

---

① 即理查德·布林斯利·谢里丹（Richard Brinsley Sheridan，1751—1816），英国喜剧作家、政治家和演说家，代表作品有《情敌》（*The Rivals*）、《造谣学校》（*The School for Scandal*）等。

② 即威廉·康格里夫（William Congreve，1670—1729），英国剧作家，主要作品有《为爱而爱》（*Love for Love*）和《如此世道》（*The Way of the World*）等。

第 35 章

好的剧作家

到那时为止，许多与戏剧有关的事情，我都已下定了决心。

我得出的结论之一是散文剧短暂易逝，这一点几乎不亚于新闻报道。剧作家和记者需要非常相似的天赋，对一个好故事和一个故事切入点有敏锐的洞察力，还要有活灵活现的想象力和生动的写作方式。剧作家所需要的只是一种特殊的诀窍，我不知道有没有人能够发现这种诀窍是由什么组成的。我们也无法通过学习而获得它。它可以不依靠教育或文化而存在。正是这种能力，使剧作家能够凌驾脚灯之上，以立体的方式讲述故事，让它在观众面前生动地呈现出来。这是一种非常罕见的能力——这就是为什么剧作家的薪水比其他艺术家高得多的原因。这与文学能力无关，因为我们从一个事实中知道，最杰出的小说家在试图写剧本时，通常以可悲的失败告终。这是一种能力，就像能够听声辨音一样，无关精神的重要性。但如果没有它，尽管你的想法可能很深刻，主题新颖，人物刻画敏锐，但你永远无法写出剧本。

关于剧本写作的技巧，人们已经写了很多文章。我饶有兴趣地阅读了大部分关于这个主题的书。学习如何写剧本的最好方法是看自己剧本的演出。这将教会你如何写出演员觉得容易说出的台词，如果耳朵足够敏锐，你还可以学会如何在不失去对话自发性的情况下，充分提升句子的节奏感。它将向你展示什么样的演讲和场景是有效的。但我认为剧本写作的秘诀可以用两条原则来表达：坚持要点、能砍就砍。第一条要求你有逻辑思维。我们中很少有人拥有它。一个想法会牵引出另一个想法。尽管它与主题没有直接关系，但追求它是非常愉快的。离题是人的本性。但剧作家必须比圣人更努力地避免这一点，因为罪恶也许能被宽恕，而离题却是致命的。其中的原则就是以兴趣为导向。这在小说中也很重要，但在这里，更大的空间允许更大的自由度，正如理想主义者将邪恶转化为绝对的完美善良一样，某些离题可能在主旋律的发展中发挥必要的作用。（这方面的一个很好的例子是《卡拉马佐夫兄弟》中老佐西玛的早年经历。）

也许我应该解释一下我所说的兴趣导向是什么。这是一种方法，作者通过这种方法让你在某些条件下关注某些人的命运，并让你与他们保持联系，直到他找到解决方案。如果他让你偏离重点，他很可能永远不会重新引起你的注意。这是人性的一种心理特征，即对剧作家在戏剧开始时介绍的人产生了如此强烈的兴趣，以至于如果这种兴趣被后来进入现场的其他人所取代，就会产生失望感。精明的剧作家尽可能早地介绍他的主题，如果为了戏剧效果，直到晚些时候他才介绍他的主要角色，那么幕布升起时，舞台上的人的对话会将观众的注意力集中在他们身上，因此他们若是晚点出现，就会让人们更加翘首以盼。要论对这种做法的严格遵循，没人比得上能力出众的戏剧家威廉·莎士比亚。

　　正是因为引导兴趣是个难题，才使人们很难写出被称为"氛围剧"的剧本。当然，其中最著名的是契诃夫的作品。由于兴趣不是集中在两三个人身上，而是集中在一个群体上，而且主题是他们彼此之间和环境之间的关系，作者必须注意抵消观众对一两个角色而非所有角色产生关注的自然倾向。随着兴趣的分散，观众可能不会对剧中的任何一个人产生热情，而且由于作者必须注意他的每一条线索都同样重要，不能有突出生动的线索吸引观众的注意力，所以每一个事件都必须平缓低调。因此，观众难免会有一定程度的乏味感，因为无论是事件还是角色，都没有给他留下深刻印象，所以当戏剧结束时，他们走的时候可能还是满头雾水。在实践中，已经证明只有在完美表演的情况下，这样的戏剧才是可以被容忍的。

现在来谈谈我的第二条原则。无论一个场景多么精彩，无论一句台词多么诙谐，无论一个反思多么深刻，如果这对他的戏剧来说不是必不可少的，剧作家就必须删掉它。如果他也是一个文人，这一条同样适用。一个纯粹的剧作家认为，他能够把文字写在纸上是一个奇迹，当文字出现在纸上时，即使不是直接从天国降临，他也会认为它们是神圣的。他无法忍受牺牲其中一字一句。我清楚地记得亨利·亚瑟·琼斯给我看了他的一份手稿，我看完后无比惊讶，因为像"你的茶里要不要加糖"这种简单的句子居然以三种不同的方式写了出来。那些写作吃力的人好不容易写出来一些句子，难怪他们会过分重视了。文人习惯写作。他已经学会了如何在不用付出无法忍受的辛劳的情况下表达自己，因此能够当断则断、该删就删。当然，每个作家都会时不时地想到一个在他看来很快乐的想法、一个让他很开心的回答，以至于将其砍掉比拔牙还要糟糕，如果可以的话，最好把"能删就删"这句格言刻在他的心上。

　　现在比以往任何时候都更需要这样做，因为如今的观众比戏剧史上的任何时候都反应更快、更不耐烦。剧本之所以以这样或那样的方式写作，就是为了让观众满意。过去的观众似乎愿意坐在精心制作的场景之前，耐心地听角色细细剖开自己。现在情况大不相同了，我想这种不同是由电影的出现引起的。时至今日，观众，尤其说英语的国家的观众，已经学会了一眼就看到一个场景的要点，并且在看到它之后，就赶忙想看下一个场景了。他们在几句话中领会到了台词的要点，一旦领会，他们的注意力就会很快转移。作者必须抑制自己的自然欲望，让场景发挥出全部价值，或者让角色以充分的表达方式展现自己。一点点暗示就已经足够了，观众能够领会。他的对话一定是一种口语速记。他必须砍了再砍、删了再删，直到能够最大限度地集中观众的注意力。

第 36 章
现代观众

　　戏剧是作者、演员、观众，还有——我认为如今必须加上——导演合作的结果。现在我想讨论的是观众的作用。优秀的剧作家在写作时会着眼观众，尽管他们在提到后者时轻蔑常常多于善意，但他们深知自己离不开观众。买票的是观众，如果他们对呈现的表演不满意，就不会前来观看。没有观众，戏剧便不会存在。事实上，从定义上来说，戏剧就是由演员讲出设计好的台词，由不定数量的人观看的作品。旨在用于在书房中阅读的戏剧，是一种对话形式的小说，是作者出于某种自身的原因（对我们大多数人来说有些费解），有意避开了普通叙事的优势而创作的。一部不吸引观众的戏剧可能自有其价值，但如同骡子不是马一样，那不是真正的戏剧。（唉，我们这些剧作家都会不时地创作出一些不伦不类、无法令人满意的作品。）每个不得不从事剧院工作的人都很清楚，观众对戏剧的影响是多么不可思议。日场演出的观众和夜场演出的观众可能看的是完全不同的剧目。据说挪威的民众把易卜生的戏剧看成笑料不断的喜剧，而英国的观众则觉得它们很乏味，看不出有任何的可笑之处。观众的情绪、兴趣、笑声是戏剧表演的一部分，他们创造戏剧的方式如同我们通过感观从客观环境中领略日出的美丽和海洋的平静一样。观众在戏剧中的作用非同小可，如果他们不做好分内的工作，戏剧将支离破碎，这时的剧作家就好比上了场却没有对手的网球选手。

现代的观众有很强的好奇心，精明多于智慧。他们的心智比不上大多数知识分子。如果将他们的智力水平从A到Z分级，并且逐级降低，直到歇斯底里的女店员降为零分，那么我想观众的心智水平大约属于O级。他们极易受到暗示，会为一个自己没听懂而别人听懂的笑话哈哈大笑。他们易动感情，但本能地厌恶情绪波动，随时准备一笑了之。他们多愁善感，但只接受属于自己风格的感伤，因此英国人只能接受与家庭观念有关的情感，而儿子爱母亲这类情感则只会遭到他们的嘲笑。如果某个情境引起了观众的兴趣，他们便不会关心其出现的可能性，莎士比亚就毫无节制地利用了他们的这一特性。可是，当情节缺乏说服力时，观众又会感到不满。有些人容易冲动，但在作为观众时他们又坚持认为情节的发展必须令人信服。观众所具有的道德水准就是普通人的平均水准，他们会真心实意地为某种不会冒犯他们的情绪而感动。他们思考时用的不是自己的大脑，而是腹腔神经丛。他们容易感到厌烦、喜新厌旧，他们喜欢的是那种符合旧观念的新奇事物，这会让他们兴奋而不至于感到不安。他们喜欢各种思想，但需以戏剧的形式呈现出来，而且这些观念必须是观众已有的想法，只是由于他们缺乏勇气而未敢表达。如果观众受到伤害或者被冒犯，就不会再参与，他们最大的欲望就是能够心安理得地认为虚构的内容是真实的。

观众的本质从来没有改变过，但在不同时期以及同一时期的不同国家里，他们表现出不同程度的修养。戏剧描绘的是当时的风俗习惯，当风俗习惯改变时，剧中的服装与主题也会发生微小的变化。例如，电话的发明使很多场景变得多余，它加速了戏剧的节奏，避免了某些不大可能发生的事情。可能性是种不确定因素，它完全取决于观众的意愿，常常没有规律可循，也毫无来由。就像在伊丽莎白时期，人们常常乱扔有失体面的信件，或者偶然听到一些本不该听到的内容，仅仅是出于习惯，人们才认为这类事件不大可能发生而加以摒弃。更重要的是随着文明的变化，我们的心灵也有所改变，因此某些剧作家喜欢的题材现在已被废弃不用。现在的人们不像以前那样充满仇恨，因此关于复仇的戏剧几乎没有了可信度。也许是由于人们的激情有所衰退，也许是由于基督的教导最终穿透了人们坚硬的脑壳，复仇被认为是不光彩的行为。曾经我冒昧地说过，妇女的解放和她们刚刚争取到的性自由已经很大程度地改变了男人对贞操重要性的看法，因此嫉妒不再是悲剧的主题，而是成了喜剧的主题。但这个观点让人们十分愤慨，以至于我无法再进一步进行论述。

第 37 章
如何传递观念

　　我之所以在上文对观众的特征稍微分析了一番，是因为在剧作家必须遵循的写作的传统手法中，观众的属性是最重要的因素。每位艺术家都必须接受艺术的传统做法，但这些传统的特性也许会使艺术变得小众化。十八世纪的诗学传统认为激情令人反感，而想象则必须受到合理的制约，这样就只能产生一些小众的诗歌。目前，作者必须面对一个事实，即观众的智力大体上远远低于知识分子，我认为这无疑会使得散文戏剧的地位不那么重要。人们不止一次发现，从理解力的角度来看，戏剧要落后时代三十年，由于戏剧的思想匮乏，知识分子已经不再频繁光顾剧院。我认为如果知识分子到剧院寻找某种思想的话，那他们并不像人们期待的那样有智慧。思想具有私密性，是理智的产物，它取决于个体的智力水平和他所接受的教育。思想从产生它的大脑进入有意接纳它的大脑的过程是隐秘的，如果汝之蜜糖真乃彼之砒霜，那么更可能的情况是，一个人的思想在另一个人看来只是老生常谈。但观众会受到集体暗示的影响，而集体暗示又会被情感激发。之前我曾大胆地提出一个观点，即如果把观众从A到Z分级，例如从《泰晤士报》的评论家开始，到托特纳姆法院路的女店员结束，那么观众的智力水平大约为O级。你如何能写出一部思想深邃的戏剧，可以令《泰晤士报》的评论家端坐在正厅前座，同时又让坐在顶层楼座的女店员忘记握着她的手的年轻男子？当这两者一起成为观众时，唯一能够同时影响他们的就是那些司空见惯的基本观点，基本与感情有关。这些关于爱、死亡和命运的内容也是诗歌要表达的本质。不管哪个类型的剧作家，都很难发现很少被人们提及过的东西。伟大的真理极其重要，不可能都是新的。

再说了，观念可不是在醋栗丛中凭空长出来的，在一代人当中，很少有人能够提出新的观念。剧作家不可能这么幸运，不仅天生具有写出受人欢迎的作品的能力，还是一个创意十足的思想家。如果他的头脑不能让事件具体化，他就无法成为一名剧作家。我们不能期待他对具体事物有敏锐的洞察力，同时有抽象思考的能力。也许他喜欢沉思，喜欢对自己所处的时代进行思考，但这与拥有创新思维的能力仍然相去甚远。也许剧作家也可以是哲学家，但事实上，这种可能性与他们同时也是国王一样小。既是思想家也是剧作家的仅有两位：易卜生和萧伯纳，他们都算生逢其时。易卜生的出现正好碰上了当年妇女从长期的地位低下中解放出来的运动。而萧伯纳出现时，年轻人正在反抗维多利亚时代的陈规陋习和时代强加给他们的桎梏。这些能产生戏剧效果的新鲜题材让他们唾手可得。高昂的情绪，嬉闹中透露出来的幽默、机智，以及可以用来创造喜剧的丰富想象力，这些萧伯纳所具有的长处让任何剧作家都受益匪浅。众所周知，易卜生缺乏创造力，他笔下的人物总是以不同的名字不厌其烦地反复出现，每出戏剧之间的情节也缺乏变化。他只有一个妙招——这种说法也并非夸大其词，他总是让一个陌生人突然来访，进入一个闷热的房间，打开窗户，然后坐在那里的人患上致命的感冒，一切就这样悲惨地结束了。除非你接受过错误的教育，否则在思考这些作者提供了怎样的精神内涵时，你会不难发现其中包含的仅仅是当时那种司空见惯的文化。萧伯纳在展示自己的观念时的确极具活力，但这些观念之所以能让人们感到惊奇，是因为当时观众的智力水平不足。现在它们不再让人觉得惊奇，事实上，当下的年轻人倾向把它们看作过时的插科打诨。戏剧的观念有其不利之处，如果它们令人满意并为人们所接受，那么这些有助于戏剧传播的观念也将毁掉这部戏剧，没有什么比被迫坐在剧院里听人们讲述你认为理所当然的想法更枯燥的了。既然每个人都承认妇女拥有独立的人格，那在倾听《玩偶之家》的台词时就准会不耐烦。用戏剧表达观点的剧作家是搬起石头砸自己的脚。在任何情形下戏剧都是短命的，因为戏剧必须紧跟时尚的步伐，当时尚发生变化时，戏剧便失去现实性这一吸引人的特征。令人遗憾的是，倘若戏剧建立在转瞬便会过时的观念上，它的生命将更为短暂。在我提到戏剧短命时，我指的当然不是诗剧。诗这种伟大而高贵的艺术可以延长戏剧卑微的生命，我说的是充斥现代剧院的散文剧。我想不起哪部严肃的散文剧能够超越它诞生的年代而存在。有几部喜剧侥幸地流传了几个世纪，它们不时兴起，是因为其中的某个角色吸引了主角的注意，或者某位经理出于权宜之策，想要上演一出无须支付版税的戏剧。这些戏剧都是老古董，观众为它们表现出的机智而礼貌性地大笑，又因为它们的滑稽而感到尴尬不已。观众既没有被吸引，更不会完全投入，他们无法信以为真，因此从来不会被剧院中的幻象所迷惑。

剧作家可能会问：既然戏剧天生短命，那他为什么不把自己看作记者，一位为廉价周刊写文章的高级记者，从而顺理成章地写出时下盛行的有关政治和社会的主题？他的原创性观点比起这些期刊的年轻写手既不会多，也不会少，因此这些观点没有理由会乏味，而等到戏剧的生命接近尾声时，这些观点也过时了，那又有什么关系呢？反正戏剧终有一死。关于这个问题，我的答案是：如果他的剧作能够侥幸成功，如果他认为这值得一试，那他的那些观点的确完全不会无趣，但他要注意的一点是，他不会从评论家那里得到感谢。尽管这些评论家对观念剧呼声很高，但如果这样的戏剧真的上演了，当这些观点与他们的想法相似时，他们只会嗤之以鼻，谦虚地认为自己的想法不过是老生常谈罢了；而如果这些观点同他们的想法相去甚远，他们又认为这些完全是无稽之谈，作者会饱受斥责。即使得到认可的萧伯纳，也难逃这种两难的境地。

为了制作一些不屑于商业剧的人可能会看的戏剧，人们成立了各种协会，但这些协会并不成功。他们无法劝说知识分子前去惠顾这样的演出，即使他们去了，也只想免费观看。有些剧作家将毕生心力用于创作这些协会出品的戏剧，但他们创作的东西并不适合戏剧。一旦人们走进剧院，就成了观众，尽管他们的平均智力要高于普通人，但他们的反应与观众的反应并无二致。他们会受到情感而非理智的支配，他们想看的是表演，而非辩论。（说到表演，我指的并非只是身体动作，从戏剧的角度来看，其实一个说"我头疼"的角色和一个从尖塔上跌落的人所表演的动作一样多。）如果这些作者写的剧作失败了，他们会声称是因为观众不懂得欣赏。我认为他们说得不对，这些戏剧之所以失败，是因为它们没有戏剧价值。不要认为商业剧能够成功是因为它们很差劲。也许这些剧里的故事很老套，对白很平庸，角色塑造也平平无奇，但它们依然是成功的，因为它们具有最重要的优点（尽管可能是微不足道的），那就是能够凭借戏剧的特殊魅力牢牢地吸引住观众。但这并不是商业剧仅有的优点，这一点从洛佩·德·维加[①]、莎士比亚和莫里哀的戏剧中便可知晓。

---

① 洛佩·德·维加（Lope de Vega，1562—1635）：西班牙剧作家、诗人，西班牙民族戏剧的主要代表。一生著作颇多，以西班牙历史为题材的剧本《羊泉村》（*Fuente Oveuna*）是其最成功的作品之一。

第 38 章
了解观众

我之所以对观念剧如此详述，是因为在我看来，对此类戏剧的需求使得我们的剧院令人惋惜地衰落了。高声呼吁这类戏剧的是评论家，如今，他们不可避免地成了最差的戏剧鉴赏者。试想一下，戏剧吸引的是作为整体的观众，对于剧作家来说，人与人之间的互相感染非常重要，他想让情绪蔓延，就必须使人们忘记自我，这样观众才能成为供他演奏的乐器，观众的回应、共鸣、气氛和情感都是戏剧的一部分。但评论家到剧院不是去感受的，而是去评判的，他必须从影响观众的氛围中抽离出来，并保持冷静，他绝不允许自己的感情被牵着鼻子走，他的立场必须坚定，务必不让自己成为观众中的一员，他出现在剧院不是为了成为戏剧的一部分，而是站在局外进行观察。结果就是评论家看到的和观众看到的不是同一出戏剧，他没有像他们一样身在其中，因此他在戏剧中的需求和观众的需求不一样，这是再自然不过的事了。但他可没什么理由能得偿所愿，戏剧不是为评论家写的，至少不应如此。不过，剧作家都很敏感，倘若有人说，他们写的剧作是对成年人智商的侮辱时，那他们肯定会非常沮丧。他们想做得更好，一些有抱负的年轻剧作家仍然渴望赞誉，因此他们坐下来写一些观念剧。这些人有可能达到目标，名利双收，萧伯纳就是一个活生生的例子。

一直以来，萧伯纳对英国舞台有着极为惊人的影响。公众对他的戏剧的青睐程度未必能超过易卜生的戏剧，但在看了他的戏剧后，他们就更加不喜欢那些用陈旧的手法写成的戏剧了。信徒们想追随他的脚步，但事实证明，除非拥有像他一样伟大的天赋，否则没有人能企及他的高度。这些人当中最有天赋的是格兰维尔·巴克，他的戏剧中有很多场景表明他天生是一个优秀的剧作家，他拥有戏剧天赋，有能力写出轻松、自然、有趣的对话，善于发现具有戏剧效果的人物。但受萧伯纳的影响，他很看重观念的重要性，而他表达的观点又多少有些平庸，并且他还将自己与生俱来的心思散漫视为优点。如果没有听信这种说法——公众都是必须加以恐吓而非哄骗的傻瓜，他本可以通过常见的试错方法学会纠正自己的错误，从而为这个国家的戏剧舞台贡献许多精彩的通俗剧目。

而其他一些没那么优秀的萧伯纳的追随者仅是复制了他的缺点。萧伯纳之所以能够在舞台上获得成功，并不是因为他用戏剧表达了自己的观念，而是因为他是一个真正的剧作家。但他是无法模仿的，他的独创性要归功于他身上的一种特质，当然在他看来这并无特别之处，而在他出现以前，这种特质从未在舞台上展现。不管英国人在伊丽莎白时代表现如何，他们都并非一个多情的民族，对于他们而言，爱情更多的是一种感情，而非激情。他们当然有正常的性欲，但只是为了繁衍后代，他们无法抑制自己本能地产生"性令人厌恶"的感觉。他们更倾向把爱情看作感情或仁爱，而非激情，他们赞同大学老师们在学术著作中所描述的爱的升华，对直白的表达或者厌恶或者奚落。英语是唯一需要从拉丁文中借用带有贬义的单词"uxorious①"来表达男人对妻子的挚爱的现代语言。在他们看来，爱情不值得一个男人全心投入。在法国，当一个男人为了女人而自我毁灭时，会得到人们的同情和赞赏，他们认为这种感情值得人们投入，事实上，那个男人也会因此感到自豪。但在英国，不仅外人，他也会认为自己是个十足的傻瓜。这就是为什么《安东尼与克莉奥佩特拉》是一部比较伟大的莎士比亚的戏剧，却永远最不受欢迎。在观众看来，为一

---

① 英文单词，意思是溺爱妻子的、怕老婆的。

个女人而抛弃帝国的做法非常可鄙。事实上，如果这部戏剧不是取材于一段公认的传奇故事，他们会一致认定这种事情压根儿就是天方夜谭。

当观众被迫坐在剧院，从头到尾看完以爱情推动情节发展的戏剧时，虽然他们会本能地感觉到爱情的美好，但远没有剧作家所表达的那么重要，毕竟生活中还有诸如政治、高尔夫球、工作以及各种其他事情。如果能碰到一个认为爱情令人厌倦、无足轻重的剧作家，并且他认为爱情只是图一时之快的冲动，带来的后果通常令人尴尬，那么对于观众来说，这绝对是一种莫大的解脱。尽管舞台上的一切必须以夸张的形式呈现（永远不要忘记萧伯纳是一位相当高明的剧作家），但这种夸张的态度中仍然具备了足够多的事实，令观众印象深刻，也反映了盎格鲁-撒克逊人根深蒂固的清教主义。虽然英国人并不滥情，但他们依然多愁善感、易动感情，而且他们认为舞台上展现的并非全部的事实。萧伯纳采用这样的表达方式是个性的自然流露，而其他剧作家仿效他则只是因其引人注目，并且具有戏剧效果，如此一来，他们身上令人乏味的片面性就暴露无遗了。作者向你描述了他的内心世界，如果你对此感兴趣，自然会加以关注，你没道理必须接受二手的描写。萧伯纳刻画得已经很好了，重复只会弄巧成拙。

第 39 章

创作可信的戏剧

依我看，对现实主义的需求导致戏剧走上了错误的道路，放弃了诗歌的修饰。诗歌具有特殊的戏剧价值，每个被拉辛①的戏剧或莎士比亚伟大作品中的长篇演说震撼的人都能发现这一点。这与感官无关，只是因为有韵律的演讲会带来情感力量。不仅如此，诗歌还能赋予戏剧一种可以提高审美效果的传统形式，诗歌赋予的美感是散文剧无法实现的。不论你多么欣赏《野鸭》《不可儿戏》或《人与超人》②，如果你用"美"来形容这些戏剧，那你就是在滥用这个字眼。诗歌的主要价值在于它将戏剧从清醒的现实中解救了出来，把戏剧带到了另一个

① 即让·拉辛（Jean Racine，1639—1699），法国剧作家，代表作品《昂朵马格》（Andromaque）。
② 这三部戏剧分别由易卜生、王尔德和萧伯纳所作。

高度，可以远离生活，使观众更容易进入能够被戏剧的特殊魅力感染的状态中。在这种人为环境中，生活不是通过逐字逐句的翻译，而是在自由渲染的过程中呈现的，剧作家有了足够的空间实现艺术能够达到的效果。因为戏剧就是要让人们信以为真，它的目的是产生戏剧效果，而非追求事实真相。对戏剧来说，柯勒律治[1]写到的那种"自愿终止怀疑理论"[2]至关重要。对于戏剧家来说，真实的重要性在于它可以为戏剧增添趣味，不过，这种真实只是某种程度的逼真，能使观众信以为真便足矣。如果观众认为，一个男人在被告知别人有他妻子的手帕后便可以怀疑她的忠贞，那很好，因为这样一来，男人就有了足够的动机去嫉妒。如果观众相信可以在十分钟内吃完有六道菜的晚餐，那也很好，剧作家的戏剧便可以继续进行了。但如果对剧作家的现实主义（不仅限于动机，还包括行为方面）的要求越来越高，使他们不能对生活进行花哨或浪漫的渲

---

① 即塞缪尔·泰勒·柯勒律治（Samuel Taylor Coleridge，1772—1834），英国诗人、文学评论家，英国浪漫主义文学的奠基人之一。代表作有《古舟子咏》（*The Rime of the Ancient Mariner*）、文学评论集《文学传记》（*Biographia Literaria*）等。中年时开始研究哲学，精研以康德、谢林为首的唯心论。

② 柯勒律治提出的一种戏剧理论，指读者或观众在面对虚构作品时，尽管明知故事情节是假的，却主动选择暂时相信这个虚假现实以沉浸其中。

染，只能对生活进行复制，那他们就会失去大部分创作来源。他们不能不放弃旁白，因为生活中没有人会不假思索地大声自言自语；他们也不可能对事件进行压缩以便加快情节发展，而是必须让事件像生活中一样，按部就班地发生；他们必须避开意外与偶然，因为坐在剧院中的我们都知道那样的事情不会发生。事实证明，现实主义往往只能产生单调乏味的戏剧。

当有声电影出现后，散文剧就变得无力抵抗。戏剧的精髓是动作，而电影让动作更有戏剧效果。银幕赋予了电影诗歌曾赋予戏剧的人为效果，也让电影的逼真度有了不同标准，只要能够促进情节的发展，不可能的事情也变得可以接受了。这使得各种小说能够以戏剧效果的形式生动地呈现出来，让观众感到刺激和兴奋。观念剧的剧作家不得不吞下苦果，他们是为知识分子创作的，而这个群体却对他们的戏剧丝毫提不起兴趣，只会对着滑稽戏哄堂大笑，或者沉溺惊险刺激的电影之中。当然，知识分子们实际上已经接受了这一事实，尽管舞台剧煞费苦心去营造氛围，却仍然失去了原有的魅力，没有了能够让人们信以为真的影响力，而那些第一次观看洛佩·德·维加和威廉·莎士比亚戏剧的观众都曾被其深深吸引。

我总是避免充当预言家的角色，把改造同行的任务也留给了其他人，但有一句话我不得不说，那就是我相信我为之付出了人生中大部分时间的散文剧将很快消亡。依赖当时的风俗习惯，而不是人类深层需求的小众化艺术终究只是昙花一现。牧歌这种音乐表演形式一度十分流行，激发了作曲家的创作欲望，一个精致的表演流派也由此产生。但在乐器出现，并且更加美妙地展示出其独特的效果后，它便衰落了。由此可知，散文剧没有理由不会遭遇同样的命运。也许有人会说，那种活生生、有血有肉的人在你面前表演时带给你的那种能够引起共鸣的震撼是银幕没法给你的。但很可能也有人曾经说过这样的话，丝竹永远不会发出人声的亲切感。但事实证明，这些乐器完全可以做到。

有件事情似乎是肯定的：假如舞台剧还有机会生存的话，那也不是通过做电影更擅长的事情才有机会的。有些剧作家走上了错误的道路，他们试图通过大量的小型场景再现摄影机的快速运镜和多样的场景变化。我意识到，对于剧作家来说，也许更为明智的做法是回到现代戏剧的起源，诉诸诗歌、舞蹈、音乐和露天历史剧，这样做的目的是尽可能诉诸所有最初的表演形式。但我又再次意识到，无论话剧能做到什么，电影以其丰富的资源都能够做得更好。而且这类戏剧往往需要一位同时也是诗人的剧作家。无论如何，也许现实主义戏剧家当下最大的机会就是用心去呈现那些银幕未能很好展现的东西，去创作内心戏，而非动作戏，或者风趣的喜剧。银幕需要肢体动作，但情感无法用肢体动作来展现，还有具有精神属性的幽默感，但二者对于电影来说没什么价值。无论如何，在某些时候，上面提到的这些戏剧有时可能会对观众产生吸引力。

但就喜剧而言，我们应当认识到对其提出现实主义的要求是没有必要的。喜剧具有人为属性，它只具有自然主义的表象，而非其内在——这没有什么不对。戏剧中出现引人发笑的情节纯粹是为了好笑。此时，剧作家的目的不是呈现真实的生活（这是挺可悲的事），而是对其发表讽刺、有趣的评论。喜剧不允许观众提出这类问题：这些事情会发生吗？他们应该只满足于哈哈大笑。在喜剧中，剧作家必须比其他任何时候都需要观众自愿停止怀疑。因此，评论家对喜剧时常堕落成闹剧的抱怨是不对的。事实上，人们发现，在纯粹的喜剧中，想让观众聚精会神地看完三幕戏剧是不可能的。因为喜剧需要的是观众的集体意识，而意识容易疲劳，但闹剧需要的是一个更为精力充沛的器官，即观众的集体胃口。伟大的喜剧家如莎士比亚、莫里哀和萧伯纳从未拒绝过闹剧，它是使戏剧得以生存的生命之血。

第40章
导演是一门艺术

这些想法隐约浮现在我的脑海中，渐渐使我对戏剧的不满越发强烈，最后我决定放弃戏剧。与他人合作一直都让我觉得很不舒服，而正如我曾经指出的那样，比起其他艺术作品，戏剧更多的是一种集体合作的产物。但我发现自己越来越难以与其他人融洽地合作了。

人们常说好演员能够表演出的内容比作者想要表达的还要多，可事实并非如此。好演员将自己的天赋注入角色，常常赋予角色一种门外汉在读剧本时未能发现的价值。但他能做到的最多不过是符合作者理想中的形象而已。而要达到这一点，他必须是个有能力的演员，在大多数情况下，作者只能满足接近他想象的表演。我很幸运，我所有的戏剧中都有一些角色演成了我想要的样子，但没有一部戏里的所有角色让我满意。显然这无法避免，因为最适合某个角色的演员可能很忙，于是你只能退而求其次，因为别无他法。近年来，所有需要为戏剧选角的人都知道，来自纽约以及英、美两国电影的竞争导致选到适合角色的人选变得比以往任何时候都更困难。剧院经理经常发现自己不得不聘用一些平庸的演员，因为找不到别人。另一个难题是薪水问题。小角色往往需要机敏的表演，因此需要有经验的演员，但从经营角度来看，只能付给这个角色微薄的报酬，那就没办法聘用合适的人来出演，这个角色也无法充分发挥作用，整部戏的平衡也遭到了破坏，具有特定含义的某一场景因为没有得到正确的展现而被弃之不用。同时，因为某个角色太小或者不招人喜欢，适合这一角色的演员也常常拒绝出演。

我对优秀的男女演员的感激之情并不会因为我说的这些话而有所减少，我的多部戏剧的成功在很大程度上要归功于他们，我对他们感激不尽。满足我要求的演员太多了，如果把这些名字都列出来，未免太单调乏味了。但有一个人从未跻身明星之列，也几乎没有得到应有的认可，因此我想谈谈他，他就是C.V.弗朗斯。他出演过我的几部戏剧，演过的角色无一不令人钦佩，他把我心目中的角色演绎得淋漓尽致。在英国的舞台上很难找到一个比他更有能力、更聪明、更多才多艺的演员。另外，我很清楚，有几部戏观众看不到我想让他们看到的内涵。选角的失误，尤其在选用知名演员后，往往是无法弥补的，剧作家会因为自己的意图被歪曲而遭到人们的评判。没有哪个角色不受演员的影响。有些角色给人印象深刻，而有些角色——往往是一些非常重要的角色——却正好相反，但不管一个角色给人的印象如何深刻，只有被完美地演绎后才会被人们完全领会。即使是世界上最有趣的台词，也只有在以正确的方式讲出来后才好笑。无论一幕场景多么温情，如果演员在表演时没有柔情，那一切也是徒劳。演员为剧作家埋下的另一个陷阱常常被人忽略，是选角制度导致这一问题难以避免。剧作家创作出一个角色，然后，一位具有剧作家提到的某种特质的演员被选中，但他在剧作家设定的人物之外的其他个人特点却导致了角色极为浮夸。剧作家设想中的人物原本自然、令人信服，现在却变得滑稽可笑。我常常试图选那些与其类型相反的演员，但我不知道这个主意是否奏效，因为这需要他们比现代演员具有更强的适应能力。也许剧作家解决这类困境的最好办法是着重描写角色，而对其性格轻描淡写，然后由演员用自己的个性令其丰满起来。但是，剧作家必须有把握演员能够胜任这一角色。

有时这种适得其反、错误的选角是不可避免

的，剧作家的意图会被严重曲解，而后又被导演进一步歪曲。我刚开始写舞台剧时，导演对自身的定位比现在要谦虚得多。那时，他们只是局限于将剧作家写得冗长之处，或者为了掩盖结构性错误而写的一些技巧性段落剪掉。他们会安排演员的站位，帮助其尽可能地展现角色。我认为莱因哈特[①]是第一个要求在戏剧制作中有绝对话语权的导演，后来一些不像他那样有才华的导演也开始效仿这种做法。这种极不合理的要求不止一次导致剧作家的作品只被当作导演表达自己观点的工具。据知，有些导演把自己想象成了剧作家。杰拉尔德·杜·莫里埃[②]是一位非常好的导演，但他告诉我，他对导演那些他不能参与改写的剧本不感兴趣。这是一个极端的例子，但想找到一个愿意解读剧作家剧本的导演无疑已经变得非常困难，他们经常把导演戏剧看作创作自己作品的机会。如果公众知道剧作家的意图频繁地遭到导演愚蠢而顽固的歪曲，知道有多少剧作家被批评粗俗和愚蠢其实是导演造成的，那他们一定会感到吃惊。导演是有想法的人，但他们的想法并不多，这简直就是灾难。构思想法的确令人振奋，

① 莱因哈特（Reinhardt，1873—1943）：奥地利导演、演员、戏剧活动家，导演了两千多场莎士比亚的戏剧。
② 杰拉尔德·杜·莫里埃（Gerald du Maurier，1873—1934）：英国演员、经理人和制片人。

但只有当你的构思足够多，而且对它们价值的看法恰如其分，不会附加不属于它们的影响力时，构思想法才是一件妥当的事情。那些想法不多的人会发现很难不过分重视自己的想法。当一个导演想到一小段对话、一个小事件或一个场景效果时，会非常重视这些想法，为了将这些念头加到剧中，他们会很乐意打断剧本中的情节，甚至扭曲剧本的原意。导演自负、固执己见和缺乏想象力的例子比比皆是，有时他们会非常专制，甚至会强迫演员重复他们的语调和习惯性动作。而那些仰仗导演得到角色的演员要表现出顺从以获得其青睐，只能盲目地按导演的要求去做，导致他们的表演失去了自发性。好的导演做得反而很少。我非常幸运，经常碰到一些愿意尽最大努力认真对待剧本的导演，他们总会努力实现我想要的效果。但进入他人的思想是非常困难的，即使是最令人满意的导演，也只能大概呈现出剧作家意图的轮廓。我认为他们总是给观众看那些观众喜欢而不是剧作家希望观众会喜欢的内容，而这并非作者的本意。

当然，解决方法就是剧作家导演自己的剧本。但除了那些本身是演员的人以外，很少有人能做到这一点。仅仅告诉演员某个声调或者手势不对并不够，你还必须能够用语言和动作来告诉他们怎么做才是正确的。因为现在的演员在表演小角色时缺乏足够的技巧，这一点显得尤为重要。杰拉尔德·杜·莫里埃过去在做导演时常常采用令人难堪却非常有效的权宜之计，他会先夸张地模仿某位演员的样子，然后才向他展示该如何表演。他之所以能够这样做，是因为他非常善于模仿别人，同时也是一个非常好的演员。但这些都是小事，导演这项工作非常复杂，是一种专业性的工作，如果你愿意的话，也可以说是一门艺术，需要费尽心力才能学会。导演要处理戏剧的各个场景、演员的上场和下场环节，为各类演员指定位置，对他们进行合理的分类，以使观众的注意力在合适的时机转移到不同演员身上。导演要考虑每个演员的特点，当有人被要求做一些能力以外的事情时，他会使用一些招数帮其克服困难。导演还要记得演员群体的特点，例如，考虑到现在的英国演员中没有人能够自如地背出二十句以上的台词，他就要想方设法帮助他们树立信心。导演要将观众的兴趣引向重点戏份，每部戏剧都有必不可少的旁白、衔接部分、剧情介绍，他需要利用自己的才华让这些枯燥乏味的戏份也能吸引观众。他要考虑到观众的注意力会转移，因而通过设计一些舞台动作或表情让他们的注意力不致涣散。导演还要考虑到演员的敏感、嫉妒和虚荣等问题，要留意不让演员天生的利己主义打破戏剧的平衡。他要确保给予每个角色的重要性恰如其分，不让某个演员侵占他人的戏份。导演要决定何时加快、放缓节奏，何处加以强调，何处一笔带过，何处加以渲染，何处轻描淡写。他还负责场景的设置，确保这些场景适合表演。导演要选择适合角色的服饰，还要密切注意女演员是否穿得过于漂亮，不适合角色。他还要考虑灯光。导演这项工作既是专业的工作，也是一门艺术，既需要技术知识以保持精细的秩序，还需要机智、耐心、幽默、坚定以及很好的适应能力。至于我本人，我很清楚自己不具备导演一出戏剧所必需的知识和能力。而且不幸的是，除了口吃以外，阻碍我的还有另外一件事情，那就是在最终写完剧本、修改完稿子以后，我对这出戏的兴趣就再也提不起来了。我很好奇自己的剧本会被如何演绎，但一旦将这件事情交给他人后，我就会像幼崽被别人照料后再也不关心它们的母狗一样，不再把这出戏视如己出。经常有人指责我轻易向导演让步，当他们的意见与我相左时，我没有坚持自己的想法。事实是我一贯倾向认为别人比我懂得更多。我从来不喜欢吵架，除非我生气了，但我很少会发脾气。还有一点就是我也不怎么在乎这些事情。使我对戏剧越来越不感兴趣的不是导演的不称职，而是因为他们不可或缺这一事实。

第41章
我不会感激观众

接下来，我们谈谈观众。如果我说我绝不会感激观众，那听上去一定很无礼，因为即使他们没有给予我名望，至少使我获得了恶名和财富，可以过上和我父亲一样的生活。我到处旅行，住着安静且远离其他住户的海景房，房子坐落在花园中，有着宽敞的房间。我一直认为人生苦短，一个人没有时间事事亲为，可以付钱让别人替自己办事。我足够富有，可以尽情为自己做些力所能及的事。我招待朋友，帮助我想帮助的人。这一切都要归功于大众的喜爱。可尽管如此，我也发现自己对组成剧院观众的那部分人越发失去了耐心。我提到过，从一开始看自己的戏剧就让我非常尴尬，这一点并没有如我希望的那样，随着我创作的戏剧一部接一部地上演而有所减轻，反而越来越严重。一大群人观看我的戏剧，对我来说变成了一种令我厌恶的恐惧，以至于我的戏剧上映时，我经常要绕道而行。

很早以前我就得出一个结论：不成功的戏剧没有什么意义，而我认为我完全知道如何创作出成功的戏剧，也就是说，我可以预料到观众会有什么反应，没有他们的配合我将无计可施，我也清楚他们能配合到何种程度。但我发现自己对此越来越不满意。剧作家必须接受观众的先入之见，洛佩·德·维加和莎士比亚的例子就印证了这一点：他们在最大胆的时候也只是将观众出于胆怯或懒惰而不愿表达的东西用语言表达出来。我已经厌倦了只能说出一半的真相，因为这就是观众愿意接受的全部。在对话中承认存在的事实在舞台上却必须加以否认，这种荒唐的做法让我感到厌烦。我对于必须把自己的主题限定在某一范围内失去了兴趣，厌倦了必须把主题拉长到不必要的长度，或者过度压缩，因为吸引人的戏剧必须达到一定长度。我厌倦了千方百计地让戏剧不乏味的做法。事实上，我再也不想遵守戏剧必须遵守的规则了。我怀疑自己已经和公众的口味脱节了，为了证实这一点，我去看了几部轰动全城的戏剧。我发现它们是那样冗长乏味，那些逗乐观众的笑话让我丝毫笑不出来，而那些让观众感到落泪的场景我则完全无动于衷，看来我的怀疑没错。

我感叹小说的自由，开心地想到有寂寞的读者愿意倾听我所有的话语，我可以和他建立起一种我从未奢望能和剧院里俗气的观众建立起的亲密感。我认识许多过气的剧作家，看到他们一直可怜地写着自己的戏剧，丝毫不知道时代已经改变。我也见过某些剧作家，他们拼命地想要领会时代精神，但这些努力受到嘲笑后又令他们倍感沮丧。我还见过一些著名作家，在把剧本交给曾经拿着合同不断哀求他们的剧院经理后遭到傲慢对待。我也曾经听到有的演员轻蔑地评论剧作家。我看到了剧作家在终于意识到自己被公众抛弃时的困惑、惊愕和痛苦。当年名噪一时的亚瑟·皮内罗和亨利·亚瑟·琼斯曾对我说过同样的话："他们不再需要我了。"说这话时，一人带着冷酷、讽刺的幽默，另一人则带着困惑和愤怒的表情。当需要离去时，我想我会的。

第 42 章
剧本的局限

　　不过，我的脑子里仍然酝酿着几部戏。其中有两三部只有一些模糊的主题，我很愿意由它们去。但有四部戏一直整齐地码放在我的脑海中，已经可以提笔写下，而且我很了解自己，如果不写出来，我会一直被它们纠缠。我对这四部戏剧已经构思了好几年，之所以一直没有动笔，是因为我认为它们不会讨喜。我一向不喜欢剧院经理因我而赔钱，想必这是出于我的资产阶级本能，总体上他们也确实没有赔过。人们普遍认为，经营一部戏的赚钱概率是25%。就我的情况而言，如果我说这个比例在25%以上也绝非夸大其词。我按照自认为的不受欢迎程度，将这四部戏写了下来。在写完之前，我不想毁掉自己在公众心中的声誉。出乎意料的是，前两部戏获得了相当大的成功。而后两部戏正如我所预料的那样谈不上成功。

我只想说说其中一部叫《圣焰》的戏剧，因为我在其中进行了一些尝试，也许这本书的读者会觉得那很有趣，愿意稍作思考。与以往的习惯不同，在这部戏中，我尝试把对白写得更为正式一些。我的第一部多幕剧写于1898年，最后一部写于1933年。在此期间，对白从皮内罗的迂腐、浮夸，奥斯卡·王尔德的优雅、造作变成了如今的极度口语化。对现实主义的需求诱使剧作家的自然主义倾向越来越严重，众所周知，这一风格被诺埃尔·科沃德[①]发展到了极致。他们不仅避免"文学性"，而且过分追求真实，以至于连语法也不顾及，他们将完整的句子打断——据说人们在日常生活中讲话不符合语法，而且不会说完整的句子，只能使用最简单、最普通的词汇。这种对话的不足之处往往用耸肩、挥手和做鬼脸来补充。在我看来，剧作家如此向潮流妥协，只会让自己束手束脚。他们重新让这种充斥着俚语、简短、不完整的语言出现了，而这种语言只属于一个阶层，那就是没有受过良好教育的富家子弟，报纸上称他们为时髦人士。他们是花边新闻和插图周刊中的常客。可能英国人说话的确

---

① 诺埃尔·科沃德（Noel Coward，1899—1973）：英国演员、剧作家、流行音乐作曲家，凭借影片《与祖国同在》（*In Which We Serve*）获得1934年奥斯卡终身荣誉奖。

结结巴巴的，但我不认为他们像我们刻板印象中的那样张口结舌。有很多人，包括各种职业人士和有教养的女性，他们用合乎语法、精心选择的语言表达自己的思想，可以用恰当的词汇、正确的语序，鲜明地表达自己的看法。而现在的说说风格则使得法官或者著名的医生像酒吧里的闲人一样不能充分地表达自己，做出非常不准确的叙述。这缩小了剧作家人物描写的范围，因为剧作家是通过言语来描绘人物的，他无法用这种口头的象形文字描绘出任何思想敏锐、情感复杂的人物。他会不知不觉地选择那些观众认为讲话自然的角色，而这些角色不可避免地非常浅薄。由于这种语言风格很难处理人类生活的重要议题，因此剧作家的主题也受到了限制，如果只能使用自然主义风格的对白，那你就不可能去分析人类本性（以及戏剧题材）的复杂性。这导致了喜剧的灭亡，因为喜剧依赖风趣的口语，而后者又依赖巧妙的措辞。同样，对散文剧的灭亡，这也是盖棺定论了。

于是，我在写《圣焰》时，尝试让角色不说他们在日常生活中会说的话，而是用一种更为正式的方式，使用的也是他们可以事先准备，并且懂得如何准确地用精心选择的语言表达自己看法时所用的词汇。可能我处理得不是很好，在排练时，我发现，由于已经不习惯使用这类语言，演员在表演时有种背台词的感觉，表现得并不自在，于是我不得不简化台词，将其分割成短句。我自然为评论家留下了足够的批评空间。我的某些对白因"太过文绉绉"而被指责，人们对我说没有人这样说话。我也从来不认为会有人这样说话，不过我没有强调这一点。我就像个租约即将到期的租客一样，再对房间做任何结构上的改动已不值得。在我的最后两部戏中，对白又回到了我一直以来的自然主义风格。

你多日来穿行于山间，有那么一刻，你相信穿过前面的大块岩石后就将到达平原，但迎面而来的是另一堵巨大的峭壁，令人疲惫的小路仍在继续。你以为绕过这座山后就会看到平原。不，小路还在蜿蜒，另一座大山挡在了你面前。然后平原突然出现在你眼前，你不禁欢欣雀跃。辽阔的平原绵延开去，阳光明媚，大山的压迫从你的肩头卸下，你怀着兴奋的心情在广袤的空间里呼吸着新鲜的空气，感受到了美妙的自由。这就是我写完最后一部戏时的感受。

我不确定自己是否永远离开了剧院，因为作家是灵感（想不到更为谦逊的说法，我只好用了这个字眼）的奴隶，我不能确定自己会不会在哪天想到某个灵感，必须把它写成一出戏剧，我希望不会。因为我有个想法，我觉得读者只会认定这个想法愚蠢而自大，此外不会有别的看法。我认为我已经获得了戏剧能给予我的所有体验。我赚到了足够的钱，可以过上满意的生活，供养那些需要我供养的人。我臭名昭著，甚至可能有过昙花一现的声誉。我本该满足，但还有一件事情想实达到理想的效果，而在我看来，这件事情在戏剧中是无法实现的，那就是——完美。我说的不是自己的戏剧，对它们的缺点，没有人比我更清楚、更烦恼的了。我说的是从过去流传至今的戏剧，即使最伟大的戏剧也有严重的缺陷。你不得不用当时的习俗和舞台条件为它们开脱。伟大的希腊悲剧离我们太遥远了，在今天看来，它们所诠释的文明是那么陌生，我们很难坦率地加以评判。在我看来，也许《安提弋涅》①已经非常接近完美。而谈到现代戏剧，我认为没有人比拉辛更趋近完美，但他受到了多少限制。那些戏剧是他用精湛的技艺雕刻成的樱桃核。只有盲目崇拜莎士比亚的人才不会看到他的戏剧在处理手法上，有时甚至在人物塑造上有着重大缺陷。这些是可以理解的，毕竟，众所周知，为了营造有戏剧效果的场景，他会不惜一切代价。以上谈到的所有戏剧都是以不朽的诗句写成的，当你去现代的散文剧中寻找完美的作品时会一无所获。毋庸置疑，易卜生是近百年来最伟大的戏剧家。尽管他的戏剧

① 《安提弋涅》（*Antigone*）：古希腊悲剧作家索福克勒斯的代表作品，被认为是戏剧史上伟大的作品之一。

有诸多优点，但他虚构的故事十分贫乏，笔下人物的雷同问题十分严重，当你透过表面，研究得稍微深入一点，就会发现他的主人公是多么愚蠢！似乎戏剧与生俱来总会有着这样或那样的缺陷，为了达到某种效果，你必须牺牲其他方面。因此，写出一部兼顾所有细节的完美戏剧，题材既有趣又有意义，人物塑造不仅精妙，还创意十足，情节复杂却又十分合理，台词也非常优美，是绝无可能的。在我看来，有些小说和短篇故事已臻于完美。尽管我不敢奢望自己能达到这样的境地，但我觉得比起戏剧，在这些体裁中，我更有机会接近完美。

第 43 章
与小说结缘

我写的第一本小说叫《兰贝斯的丽莎》，投稿的第一家出版商就接纳了它。某段时间，菲舍尔·昂温在他一系列名为《笔名丛书》的作品中推出了许多短篇小说，吸引了许多人的注意。人们认为其中约翰·奥利弗·霍布斯[1]的作品机智而大胆，这些作品不仅让作者声名远播，也为这部丛书赢得了威望。我写了两个短篇小说，如果把它们凑成一卷刚好适合这个系列，我便把它们寄给了菲舍尔·昂温。过了一段时间，他退回了稿子，但附了封信问我是否可以交给他一部小说。这真是一种莫大的鼓励，我立刻着手写起来。整个白天

---

[1] 约翰·奥利弗·霍布斯（John Oliver Hobbes，1867—1906）：英国小说家和剧作家珀尔·玛丽·特蕾莎·理查兹（Pearl Mary Teresa Richards）的笔名。

我都要在医院工作，因此只能在晚上写作。我通常在六点过一点到家，读在兰贝斯桥拐角处买的《星报》，早早吃过晚饭，等桌子清理干净，便开始写作。

菲舍尔·昂温对手下的作者十分苛刻。他见我年轻、没有经验，为了能出版书而开心，便利用我的这种心理，和我签了一份合同，让我在书卖掉很多后才能拿到版税。不过他懂得如何推销书，他把我的小说寄给了许多有影响力的人，使得这本小说得到各式各样、非常广泛的评论。贝斯尔·威尔伯福斯，也就是后来的威斯敏斯特大主教在修道院布道时提到了这本小说。这本书还给圣托马斯医院的高级产科医生留下了非常深刻的印象，又因为我在书出版后没多久就通过了期末考试，于是他提出把手下的一个小职位给我。但这本书的成功有所夸大，我决定放弃医学专业，便不明智地拒绝了这份工作。不到一个月，这本书便被要求再版，我毫不怀疑自己可以靠写作谋生。一年后，当我从塞维利亚回来，收到了菲舍尔·昂温寄给我的版税支票，金额高达20英镑，让我有点震惊。如果从持续上涨的销量来看，我判断《兰贝斯的丽莎》仍然值得一读。不过要说它可能有什么优点的话，那是因为我在作为一名医学生工作时有幸接触到了生活的另一面，而当时很少有小说家对其进行挖掘。阿瑟·莫里森①用他的《穷街陋巷故事集》和《杰戈的孩子》引起了公众对当时被称为下层阶级的关注，我从他所引发的关注中获得了好处。

可以说，当时我对写作一无所知。尽管就我这个年龄来说，我的确看了很多书，但我读书时总是一视同仁，我如饥似渴地读完了一本本从别人那里听来的书，看看它们究竟讲了些什么。尽管我认为自己还是有所收获的，但在决定写作时，对我影响最大的是盖伊·德·莫泊桑②。我十六岁时开始读他的书。无论何时，只要我去巴黎，便会在奥德翁的展览馆浏览书籍。莫泊桑的一些书被重新印刷成小册子，并以75生丁的价格出售，我把它们买了下来。而他的其他书则要卖三个半法郎，我负担不起，于是便从书架上取下一本，尽我所能地去阅读。那里的侍者穿着淡灰色的工作服，他们没有注意到我，我便常常在他们不注意的时候裁开一页，不受打扰地继续读下去。就这样，我在二十岁之前

---

① 即阿瑟·乔治·莫里森（Arthur George Morrison，1863—1945），英国作家、记者，作品以现实主义小说和侦探小说为主，下文所述《穷街陋巷故事集》（*Tales of Mean Streets*）和《杰戈的孩子》（*A Child of the Jago*）都是其代表作品。

② 盖伊·德·莫泊桑（Guy de Maupassant，1850—1893）：法国批判现实主义作家，被誉为"世界短篇小说之王"，与俄国的契诃夫和美国的欧·亨利并称为"世界三大短篇小说巨匠"，代表作有《项链》（*La Parure*）、《羊脂球》（*Boule de suif*）等。

便设法读完了莫泊桑的大部分书。尽管现在他不像当时那样享有盛誉，但我们必须承认他有许多优点。他的表达清晰直接，有一种形式感，他知道如何从他要讲的故事中获取最大的戏剧价值。我不得不认为，比起当时影响年轻人的英国小说家来说，他是一个更值得追随的大师。在《兰贝斯的丽莎》中，在描述我在医院门诊部和作为产科接待员时见到的人，以及我在挨家挨户出诊或者无所事事、到处闲逛时偶然发现的事情时，我既没有添油加醋，也没有夸大其词。由于缺乏想象力（想象力可以通过练习得以提高，而且和人们普遍认为的相反，成年人的想象力要高于年轻人），我不得不把自己的所见所闻直接记录下来。这本书能获得成功是因为机缘巧合，它对我的未来没有任何启示，但当时我并不知晓。

菲舍尔·昂温敦促我再写一本篇幅更长的贫民窟小说。他告诉我说公众喜欢看，既然现在我已经成功地打开了局面，他预言我的第二本小说取得的成功会远超《兰贝斯的丽莎》。但我根本没有这个打算，我雄心勃勃，有种不知道从何而来的感觉，认为不应该追求成功，反而应该从中解脱出来。我从法国人那里学会了不去重视本地的长篇小说。既然我已经写了一本关于贫民窟的小说，我就对此不再感兴趣。事实上我已经完成了另一本完全不同的小说，菲舍尔·昂温在收到它时一定非常沮丧。它的背景设定在文艺复兴时期的意大利，是基于我在马基亚维利[1]的《佛罗伦萨史》中读到的一个故事写的。我之所以写这本书，是因为我读了安德鲁·朗格[2]写的几篇关于小说艺术的文章，他在其中一篇文章中阐述的论点对我很有说服力。他认为历史小说是年轻作家唯一有希望能写成功的体裁，因为他们没有足够的生活经验写当代小说，而历史可以给他们提供故事和人物，年轻血液中的浪漫和热情又使得他们具有写这类作品所需要的冲劲。现在，我知道这完全是一派胡言。首先，年轻作家没有描写同代人的足够经验这种说法就是不正确的。我想人在进入晚年后，对身边人的了解是不如自己在童年和青年时的。一个孩子对自己的家人、陪伴了他大部分童年时光的仆人，以及学校的老师、其他同学都非常了解。他可以直截了当地观察他们，成年人会有意无意地向小孩子袒露自己，而对其他成年人

---

① 即尼可罗·马基亚维利（Niccolò Machiavelli, 1469—1527），文艺复兴时期意大利政治家、思想家、历史学家，是近代政治思想的主要奠基人之一，其思想常被概括为马基雅维利主义，代表作为《君主论》（*The Prince*）。

② 安德鲁·朗格（Andrew Lang, 1844—1912）：英国文学家、历史学家、诗人，主要研究神话与民间传说，代表作品《安德鲁·朗格童话》（*Andrew Lang's Fairy Books*）。

却从来不会这么做。孩子对自己所处的环境、住的房子、乡村或者城镇的街道知之甚深，而当经历的种种印象使他的感受变得模糊后，他就再也不会记得那么详细了。历史小说则无疑需要我们对人有着深刻的体验，这样我们才能从那些有着不同风俗和想法、乍一看就非常陌生的人中创造出活生生的角色。再现过去不仅需要大量知识，还需要年轻人很少具有的想象力。应该说事实与安德鲁·朗格说的恰好相反。小说家应该在职业生涯即将结束时才去写历史小说，那时，无论是思想还是人生起伏都使他对这个世界有所了解，对周围人性的多年探索也使他对人性有了直观的认知，可以理解并再现历史人物。我的第一本小说描写的是我了解的内容，但现在受到这个糟糕建议的诱使，我开始写起了历史演义。我是在卡普里度长假时写的，当时，我怀着巨大的热情，每天早上六点醒来便开始坚持不懈地写，饿得不行了才停下来吃早餐。幸好我至少知道要在海里度过早晨的剩余时光。

第 44 章
小说试验场

没有必要谈接下来的几年里我写的那些小说。其中《克拉多克夫人》还算成功，在出版作品集时，我又重印了这本小说。另外两本是未能上演的戏剧小说，它们像某件丢脸的事情一样，让我在很长时间里良心不安，我本该努力压抑这样的想法。不过，现在我知道没必要感到愧疚，即使最伟大的作家也有许多非常差劲的作品。巴尔扎克的很多作品没有被他收进《人间喜剧》中，而那些被收进去的作品也有几部只有学生才会去阅读。不过他可以放心，他希望被遗忘的作品确实会被人遗忘。我写的那几本小说中，有一本是为了负担我第二年维持生计的费用。另一本则是因为当时我被一位品位奢侈的年轻女士吸引，但因为有其他更富有的仰慕者向她献殷勤，导致我的追求未能成功，他们有能力满足她轻浮的灵魂所渴望的奢华，而我除了严肃的气质和幽默感，一无所有，于是我决定写一本能够赚到三四百英镑的书，以便和对手抗衡，因为那位年轻的女士太有魅力了。但即便你拼命地写，写完一本小说也要花很长时间，然后要将它出版，而出版几个月后，出版商才会给你支付稿费。结果等我最终拿到这笔钱时，我以为会永远持续的激情却已消失，我丝毫不愿按照我之前的打算去花这笔钱，后来我便去了埃及。

除去这两个例子，我在成为职业作家的前十年里所写的书都是我用来学习如何写作的练习。困扰职业作家的一个难题是他必须以牺牲公众的利益为代价，才能掌握所需的技艺。作家只能靠自己的内在本能写作，他的脑子里充满了各种题材，却缺乏处理它们的技巧，他经验有限，未加雕琢，不懂得如何充分利用自己的天赋。在完成一本书后，作家必须尽可能地让它出版，一方面当然是因为他需要钱生活；另一方面则是因为直到书出版后，他才能知道这本书到底如何，作家只有从朋友的看法和评论家的批评中才能看到自己的缺点。我听说盖伊·德·莫泊桑无论写了什么都会交给福楼拜，直到写了几年后，福楼拜才允许他发表第一本小说，就是那本全世界都知道的小小杰作——《羊脂球》。但这是特例。莫泊桑在政府部门任职，因此他既可以维持生计，又有充足的空闲时间写作。没有几个人有耐心等待这么长时间才会到公众面前碰运气，更没有人如此幸运，能得到像福楼拜这样伟大的作家如此负责的指导。大部分作家浪费了自己的题材，如果他们能等到自己对生活更加了解、写作技艺更加熟练时再写，就能很好地利用这些题材。有时候，我希望自己没有那么幸运，第一本书没有被立即出版，那样我就会继续从医。我应该会在医院得到一份普通的工作，作为全科医生的助理去往全国各地，做代理医生。这样我就会获得大量宝贵经验。如果我的书一本接一本地被拒绝，我就可以带着更加完美的作品出现在公众面前。我很遗憾没有人可以指点我，我本可以避免很多方向错误的努力。我认识的文人不多，只有几个，即使在那时，我也觉得跟他们相处虽然非常愉快，却于写作无益；而且我太羞涩，又很自大，还缺乏自信，没能向他们寻求建议。我学习的对象不是英国小说家，而是法国小说家，我先是从莫泊桑那里学到了我所能学到的一切，之后转向司汤达、巴尔扎克、龚古尔兄弟[1]、福楼拜和阿纳托尔·法朗士学习。

---

[1] 即法国兄弟作家埃德蒙·德·龚古尔（Edmond de Goncourt，1822—1896）和朱尔·德·龚古尔（Jules de Goncourt，1830—1870），两兄弟共同创作。根据埃德蒙的遗嘱成立的龚古尔学院每年颁发龚古尔文学奖，在法国有重要影响。

我做过各种实验，其中一次在当时看来给人一种新奇感。我一直在热切寻求的生活体验告诉我，小说家挑选两三个人，或者哪怕选择一群人，描写他们精神上或非精神上的历险，仿佛世界上不存在其他人，也没有任何事情发生，这种对现实的描绘非常片面。我本人就生活在彼此没有联系的几群人当中，我觉得如果一个人可以同时讲述发生在同一时期、不同圈子里的几个同样重要的故事，也许就能更真实地把生活展现出来。我处理的角色比原本计划的只多不少，设计了四五个独立的故事，用到了一条不起眼的线索：通过每个圈子里都至少认识一个角色的老妇人把故事串联在一起。这本书名为《旋转木马》，内容相当荒谬。因为受到十九世纪九十年代美学学派的影响，我把里面的每个人物都写得极为完美，并且是以一种紧凑、做作的手法写成的。但最大的缺点是缺乏能够吸引读者兴趣的一连串线索，毕竟这几个故事并非同等重要，读者的注意力要不断地从一拨人身上转移到另一拨人身上，而这只会令人厌倦。我失败了，因为我没想到一种非常简单的方法：利用个人视角去观察不同事件以及参与事件的人物。当然，这种方法自传体小说已经用了几个世纪，亨利·詹姆斯①还对其进行了

---

① 亨利·詹姆斯（Henry James，1843—1916）：美国作家、文学评论家、心理现实主义小说家。

非常实用的发展。他只是简单地用第三人称代替第一人称，不再强调全能叙述者的无所不知，而是从不完全了解情况的参与者的角度出发，向我们展示了如何让一个故事兼具整体性和真实性。

第 45 章
做一个富有的作家

我觉得自己的成长比大多数作家要慢。在新旧世纪交替的那几年，我被看作一位聪明的年轻作家，非常早熟、尖刻，多少有些令人不快，但还算体贴。虽然我靠当时的那些书没挣到什么钱，但我的书得到了认真、详尽的评论。不过，当我把自己的早期作品和现在年轻人写的书做比较时，我发现他们的成就要大得多。年老的作家最好接触一下年轻作家写的东西，我也会时不时地读一读他们写的小说。在我看来，十几岁的女孩和大学里的年轻学生写的书很不错，设计巧妙，非常成熟。我不知道是不是因为现在的年轻人比四十年前成熟得快，或者小说这门艺术已经在此期间取得了很大进步，所以现在写一本优秀小说的容易程度相当于以前写一部平庸作品的困难程度。如果有人不厌其烦地去阅读《黄面志》①这套在当时看来是体现高智商的最新期刊，会吃惊地发现其中的大部分投稿糟糕不已。那些作家展示出的水平不过是死水中的旋涡，英国文学史最多只会给予他们匆匆一瞥。当翻开那些陈旧的书页时，我不由得有点颤抖，扪心自问，再过四十年，从事当代文学的这些聪颖的年轻人是否会像《黄面志》中的未婚姨妈一样，让人感到枯燥乏味。

很幸运，作为戏剧家的我意外地受到了欢迎，因此我不再需要每年写一本小说来谋生。我发现戏剧很容易写，尽管它们带给我的恶名令人不快，但它们使我有足够的钱可以不必非得过得那么窘迫。我从来没有放荡不羁到不在乎明天，也从来不喜欢向人借钱。我讨厌负债，悲惨的生活对我没有任何吸引力，何况我的出生环境也不差。一旦能够支付得起，我便在梅费尔买了一幢房子。

有的人视金钱如粪土。当然，也许他们说艺术家不该为钱所困时是对的，但艺术家自己不这么认为。他们从来没有像仰慕者希望看到的那样，自愿住在阁楼里。他们更多的是常常因为铺张浪费的行事风格而毁了自己。毕竟他们是一群有想象力的

① 《黄面志》（*The Yellow Book*）：英国文艺季刊，1894年创刊至1897年第13期结束。杂志采用精装书籍的形式，每期300页左右，黄色的硬封面上压印黑色图案，由此得名。

人，地位让他们趋之若鹜，此外还有漂亮的房子、听候吩咐的仆人、昂贵的地毯、美丽的画作以及奢华的家具。提香①和鲁本斯②过着贵族般的生活，蒲柏拥有人工洞室和梅花形果园，而沃尔特爵士③拥有哥特式的阿伯茨福德之家。埃尔·格列柯④有自己的套房，用餐时有乐师为他演奏，他有自己的图书室和华丽的服装，尽管死时已经破产。艺术家住在一个半独立的别墅里，吃着全职女仆做的肉馅土豆泥饼：这很反常，他表现出来的并不是没有私欲，而是一个枯燥、无聊的灵魂。因为对于艺术家而言，他喜欢的围绕在他身边的奢华只不过是种消遣。他的房子、庭院、汽车和画都是满足他幻想的玩物，是他的权力的有形象征，并不会渗透他超然的本质中。可以说，就我自己而言，我有种非常普通的感受，即使我拥有金钱可以买到的所有好东西，也可以毫无痛苦地放弃这一切。我们生活在一个不确定

---

① 即提香·韦切利奥（Tiziano Vecellio，约 1488/1490—1576），意大利文艺复兴后期威尼斯画派的代表画家，最有才能的意大利画家之一，被誉为"油画之父"。

② 即彼得·保罗·鲁本斯（Peter Paul Rubens，1577—1640），佛兰德斯画家，巴洛克画派早期的代表人物。

③ 即沃尔特·司各特爵士（Sir Walter Scott，1771—1832），英国著名的历史小说家、诗人，英语历史文学的一代鼻祖。

④ 即埃尔·格列柯（El Greco，1541—1614），西班牙文艺复兴时期著名的幻想风格主义画家。

的年代，拥有的一切可能被拿走。只要有足以填饱我小小胃口的粗茶淡饭、一个自己的房间、从公共图书馆借来的书，还有纸和笔，我就满足了。我很高兴作为戏剧家挣了很多钱，这给了我自由。我谨慎地对待自己挣得的钱财，因为我再也不想回到那种状态中了：因为缺钱而无法做自己真正想做的事。

第 46 章
失败的风险

　　我原本可能成为一名医生或者律师，但现在成了一名作家。写作是个令人愉快的职业，难怪会有大量不具备写作资格的人从事这一行业。这个职业多姿多彩，令人兴奋。作家可以自由地写作，想在什么地点就在什么地点，想在什么时间就在什么时间，要是不舒服或者打不起精神，也可以停笔不写。但这个职业也有缺点。其一，虽然整个世界，包括其中的每个人、每处风景和每个事件都可以作为素材，但能写的只能是与你本性中秘密动力相契合的那一部分。矿井资源无比丰富，但我们每个人只能从中挖掘有限的矿石。因此，即便到处都是丰富的资源，作家也可能饿死。当他找不到素材，我们说他才华枯竭了，我想没有几个作家不被这种恐惧所困扰。其二，职业作家必须取悦读者。除非能够拥有足够的读者，否则他就得忍饥挨饿。有时环境的压力太大，他只能怀着内心的愤怒向公众的需求妥协。我们不要对人性期望太高，对于作家偶尔为了赚钱而敷衍了事的作品大可以宽容地加以接受。独立的作家应当对那些被迫充当雇佣文人的弟兄们予以同情，而不是冷嘲热讽。切尔西的一位次圣[①]曾说过，为钱而写的作家不是为他这个读者在写作。这位次圣说过很多充满智慧的话（在这一点上倒像个真正的圣贤），但这句话很愚蠢。作者的写作动机如何，与读者毫不相干，作者只关心结果。很多作者需要必要的鞭策才能写作（塞缪尔·约翰逊就是其中之一），但他们不会为钱写作。如果他们这么做，那就太傻了，同样要付出很大的才智和勤勉，但没有哪个副业会挣得比作家还少。大部分伟大的肖像画都是有人付钱请画家画的。画画和写作一样，令人兴奋的地方在于，一旦艺术家开始工作，就会全神贯注，尽可能将其做好。正如画家在主顾满意后才能拿到佣金一样，除非作家的书大体上能够吸引读者，否则他们不会去读他的书。然而作家们总觉得大众应当喜欢他们写的东西，如果这些书没有大卖，那错也不在他们，而在大众。我从没见过哪个作家承认人们不买他的书是因为它无

---

① 德才次于上圣的人。

趣。艺术家的作品长期不被人们欣赏，但最终成名的例子也不少。然而，要是有的人的作品一直没有得到重视，他们的大名自然不为我们所熟知，可他们的数量一定多得多。那么献给牺牲者的贡品又在哪里？如果天赋总和独特的世界观相结合这种说法是真的，那就非常容易理解为什么独创性在一开始会不受欢迎。在这个不断变化的世界中，人们对新事物持有怀疑态度，他们需要时间去习惯新事物的存在。一个拥有某种特质的作家需要逐渐找到会被这种特质所吸引的人群。他不仅需要时间成为自己——毕竟年轻人不敢大胆地做自己，而且需要时间让那群人相信他可以给他们想要的东西，到最后他才会大模大样地称呼他们为自己的大众。他越独特，就越难达到这一点，他谋生需要的时间就越长。而且，他也无法确定结果是否会持久不变，也许倾其所有的独特性，他也仅有一两样东西可以展示给读者，那他很快就会再次陷入曾经费尽辛苦才摆脱的寂寂无名中去。

　　作家应该有其他工作为自己提供黄油和面包，然后在这份工作的闲暇时间去写作，这样说当然很容易。事实上，过去的作家普遍只能采取这种方式，因为不管他们多么杰出和受欢迎，写作都无法让他们挣到足够的钱以维持生计。到现在，在阅读群体很小的国家，这种现象依然存在，作家必须靠办公室的工作勉强维持生计，最好在政府部门，或者当记者。但英语作家拥有如此庞大的潜在读者，因此选择写作作为职业就很合理。在英语国家，如果不是因为艺术的培养有点受轻视，那么从事这一职业的人将会更多。社会上有一种貌似合理的看法，认为写作或画画不算工作，这种阻力把很多人挡在了这些行业之外。一个人内心的渴望必须非常坚定，才能由着自己被指责品德不端，也要从事这样的职业。在法国和德国，写作是一种高尚的职业，即使从事写作在经济上的回报不能令人满意，也会得到父母的同意。你经常会遇到这样一位德国母亲，当被问到她年轻的儿子将来要做什么时，她会非常骄傲地说："诗人。"而在法国，一个有大笔妆奁的女孩若是能嫁给一位有才华的年轻小说家，她的家人一定会视这桩婚姻为天作之合。

但作家不是只有在书桌旁时才写作。他整天都在写，思考的时候、读书的时候，还有在体验生活的时候，他都在写作。他看到和感受到的每样东西对他的写作都有意义。而且，不管有意还是无意，他永远在储存和修改自己的感想。他无法专心地从事其他职业，他不会按自己的职责或雇主的要求行事。作家最常选择的职业是记者，因为这个职业和他真正的工作之间存在着更为紧密的联系。但这也是最危险的工作，因为报纸是客观的，这不知不觉地影响了作家。写过很多新闻的人似乎失去了自己看待事物的能力，他们从普遍的立场来观察事物，常常很生动，有时还异常鲜明，但从来不会表现出一种特质——哪怕这种特质只对事实做部分描述，也会彰显观察者的个性。事实上，报刊谋杀了为其写文章的人的个性。写评论的害处也不少。作家只有时间阅读那些和他有直接关系的书，这样杂乱无章地阅读成百上千的书不是为了从中获得精神上的好处，而是为了对其进行理性、诚实的评论，这会使他的感受变得迟钝，阻碍了他想象力的自由流动。写作是一份全职工作，必须是作家生活的主要目标，也就是说，他必须是一名职业作家。如果他有充裕的财富可以不依赖写作的收入，而这份财富又不会阻碍他成为职业作家，那么他很幸运。斯威夫特是一位牧师，华兹华斯①有份闲差，但他们都是与巴尔扎克和狄更斯一样的专职作家。

---

① 即威廉姆·华兹华斯（William Wordsworth，1770—1850），英国浪漫主义诗人，文艺复兴运动以来重要的英国诗人之一，其诗歌理论推动了英国诗歌的革新和浪漫主义运动的发展。

第 47 章
成为职业作家

　　人们公认画画和作曲的技巧只有通过勤奋和努力才能获得，对业余者的作品不管是和气还是恼怒的蔑视都很合理。收音机和留声机已经将业余的钢琴师和歌手赶出了我们的客厅，我们都为此感到庆幸。写作的技巧并不比其他艺术的技巧更简单，可是人们却有种观念，认为任何人只要可以读信、写信，就能出书了。现在，写作似乎成了人类最喜欢的休闲活动。全家人都喜欢上了写作，如同在开心的日子里会去修道院一样。妇女写小说来打发孕期，无聊的贵族、革职的军官、退休的公务员也趋之若鹜。有一种广为流传的印象，认为每个人都有能力写一本书，但如果这里指的是一本好书，那这种印象就是错误的。的确，有时候业余爱好者也会写出有价值的作品。他可能很幸运，天生有能力写得很好，也可能有着有趣的经历，兴许是拥有迷人、古怪的性格，如此一来，业余爱好反而促成了他的写作。但他要记住，那句传言说的是每个人都有能力写一本书，里面只字未提第二本书。明智的业余爱好者不会再去碰运气，他的下一本书一定毫无价值。

业余作家和职业作家之间有一个很大的区别，即后者有能力继续写作。我要再次重申，一个国家的文学不仅仅是由几本杰出的著作而是由大量的作品组成的，这些作品只能由专业作家完成。若说一国的文学作品，比起由许多尽管难以维持生计却仍然以作家为职业的人们写成的，主要由业余作家的书组成则要贫乏得多。大量作品，即艺术家的全部作品，是持之以恒的结果。作家和其他人一样，也是通过试错的方法来学习的。他早期的作品是实验性的，他用不同的题材和方法练手，发展自己的个性。在这个过程中，他发现了自己。这是他的必经之路，他还学会了如何最大限度地表达自己的看法。然后，作家凭借着自己完全具备的能力，创作出自己所能创作的最好的作品。鉴于写作是一种健康的职业，之后也许他会活很长时间，而此时写作已经成为他根深蒂固的习惯，因此，毫无疑问，他会继续创作一些无足轻重的作品，大众则可能忽略它们的存在——这非常合理。从读者的立场来看，一个作家整个一生的创作中，只有极少部分是精华（所谓精华，我只是指表达他个性的那一小部分自我，没有绝对价值的含义）。但我想，在做了很长时间的学徒，并付出了许多失败的代价之后，他才能达成这样的成就。而且，要做到这点，他必须把文学创作视为自己一生的事业，必须是职业作家。

第48章
成功的弊端

前面我提到了作家这个职业的缺点，现在我想谈谈这个职业的风险。

显然，没有职业作家能够在想写的时候就去写作。如果他要等到自己有心情，或者如他所说，等到有灵感的时候才去写，那他将无限期地等下去，并且最终会一无所获。职业作家会酝酿情绪。他也有灵感，但他会通过有规律地写作来控制和驯服灵感，使其听命于自己。然而在经过一段时间之后，写作变成了一种习惯，就像到了以往晚上在剧院演出的化妆时间，退休的演员就会坐立难安一样，作家会在习惯的时间里渴望拿起纸笔去写作。他会不自觉地写起来，词句轻易地从他的笔下流淌而出，呈现出某些想法。这些想法陈旧而空洞，但经过他老练的手法之后，变成了一件合格的作品。之后，他去吃午餐或上床睡觉的时候，确信自己已经很好地完成了一天的工作。

艺术家的每件作品表达的都应该是他的灵魂的一次冒险。可这是无法达到的理想，在一个不完美的世界，我们应当给予专业作家一定的宽容。不过，这个理想无疑是他应该坚持的目标。他最好只写那些让他苦思冥想许久、成为他精神负担的题材。如果他够明智，就会确保只为了心中的安宁才去写作。要打破写作习惯，也许最简单的方法就是换一个无法进行日常工作的环境。在这个环境里，除非已经养成习惯，否则你无法很好地写作，也写不了太多（而且恕我冒昧，除非写得够多，否则你也写不好）。写作的习惯同生活中的其他习惯一样，一旦不再有利，就必须将其打破，这样才是有益的。

职业作家会陷入的最大危险是成功，不过遗憾的是，只有少数作家才需要对此进行防范。这是作家需要面对的最大困难。在经过漫长而艰苦的努力之后，他们终于获得了成功，却发现自己卷入了成功的陷阱，岌岌可危。我们当中没有几个人有避免这种危险的决心，因此必须小心应对。人们普遍认为成功之所以能毁掉一个人，是因为它会让人变得自负，以自我为中心，让人沾沾自喜，但这种想法并不正确。相反，成功使大部分人变得谦逊、宽容和友善，而失败却会使人尖刻、残忍。成功可以改善人的性格，却并不总能改进作家的个性。它可能使作家失去让他获得成功的力量。他的经历、奋斗、被挫败的希望，以及他为了让自己适应这个充满敌意的世界的努力形成了他的个性。除非一个人非常顽固，否则他的个性会因为成功而变得有所改变。

此外，成功本身也蕴含着毁灭的种子，它可能切断作家和使他获得成功的素材之间的联系。他进入了一个新的世界，变得很受欢迎。如果他对大人物的青睐和漂亮女人的关注都无动于衷，那他一定是超人。他逐渐适应了另外的生活方式，也许比他以往习惯的生活要奢侈。他接触的人也比以前来往的人更懂得社交礼仪，他们更加聪明，外表更加光鲜亮丽。继续自由地出入熟悉且向他提供过写作题材的圈子，对他来说是多么困难！成功让老朋友对他的看法有了变化，跟他在一起不再让他们感到自在。在看待他时，也许他们会带着嫉妒或敬仰之情，但不会再把他视为自己人。成功带他进入的新世界激发了他的想象，于是他将其写了下来。但他只是局外人，永远不会真正地深入其中，成为这个世界的一部分。在这一点上，没有比阿诺德·贝内特①更好的例子了。他最了解的就是自己出生和长大

① 阿诺德·贝内特（Arnold Bennett，1867—1931）：英国小说家、现实主义作家，作品多以英国北部斯塔福德郡生产瓷器的五个小镇为背景。

的五镇区，只有在描写那里的生活时，他的作品才有自己的特点。当成功使他进入文人、有钱人和漂亮女人组成的上层社会后，他开始描写这些人，但写出来的东西却毫无价值。是成功毁了他。

第 49 章
对艺术家的回报

那么，明智的作家就会谨慎地对待成功。成功后，他必须心怀畏惧地看待别人对他做出的评价、加在他身上的责任，以及随之而来的阻碍。成功只会给他带来两件好事：其一，也是到目前为止更重要的一件事——他有了遵从自己意愿的自由；其二，则是他对自己有了信心。尽管他自命不凡，虚荣心强，但在对比自己的作品和自己想要的作品时，从来都免不了感到不安。理想中的作品和他能写出的最好作品之间的差距非常大，对他来说，只这个成果不过是权宜之作而已。他可能对其中的一两处感到满意，也认可其中的某个片段或某个角色。但我可以肯定他很少对整个作品感到完全满意。他在内心深处怀疑自己的作品根本不够好，而大众的赞美正是上天送给他的安慰，哪怕他总怀疑这些赞美的价值。

这就是赞美对他很重要的原因。渴望赞美是一个弱点，哪怕这个弱点情有可原。艺术家不应该关心人们对他的赞美和指责，而应该只从作品与他自己的关系的角度出发关注自己的作品，也许他关心作品对大众的影响是出于物质，而非精神上的考虑。艺术家是为了解放自己的灵魂而创作的。创作是其天性，如同从高山上流淌而下是水的天性一般。艺术家把自己的作品称为大脑的产物，认为创作之苦堪比生育之痛，这些并非没有缘故。作品就像某种有机物，不仅产自艺术家的大脑，还产自他们的五脏六腑和神经，通过他们的创作本能，从他们灵魂和身体的经历中进化而来。最终它变得如此沉重，使艺术家们不得不将其摆脱。当完成创作后，他们就会获得解放的感觉，在这宜人的一刻，安静地休息片刻。但不同于人类母亲，他们很快就对出生的婴儿失去了兴趣，它不再是他们的一部分，他们已经感到满足。现在，他们的灵魂已经准备好开始新的孕育。

在创作作品的过程中，作家充分地发挥了自己的才能，但并不是说他的作品对其他人有什么价值。一本书的读者和一幅画的观赏者并不关心创作者的感受。艺术家寻求的是解脱，而门外汉寻求的是交流，只有他们才能判断这次交流是否对自己有价值。对于艺术家而言，作品提供的交流只是副产品而已。我说的不是那些从事艺术教学的人，他们是宣传者，对他们来说，艺术反而是次要的。艺术创作是一种特别的活动，在练习的过程中就能得以实现。创作是好是坏，这是外行考虑的问题。他们会根据作品所提供的交流的美学价值形成自己的判断。如果作品能让他们逃离现实世界，那么它会大受欢迎，但也可能只被描述成小众艺术；如果他们的灵魂得到了滋养，个性得到了扩张，他们就会义正词严地称其伟大。但我仍然坚持认为，这与艺术家无关。如果艺术家因为带给别人快乐或者巨大的力量而感到高兴，那是人之常情。但如果人们在他的作品中一无所获，那他也不必见怪。他的创作本能得以实现，他早已得到了奖励。这并非理想但不切实际的劝告，而是只有这样，艺术家才能够朝着自己追求的无法达到的完美努力。如果他是小说家，他会用自己对人物和地点的经验、对自身的理解，以及他的爱恨、内心深处的想法和转瞬即逝的幻想，一幅接一幅地描绘出生活的画卷。可这些画卷永远都是不完整的，除非他很幸运，最终能够在别的事情上获得成功，那他才将会完成一幅关于自己的完整画作。

无论如何，当你看到出版商的广告时，这样想对你来说将会是一种安慰。你看着长长的书单，发现评论家在赞美它们的智慧、深度、创意和美时，不由得心一沉，和这么多天才相比，你能有什么机会？当出版商告诉你一本小说的平均寿命只有九十天时，你很难接受这样的事实：你全身心投入进去了，怀着内心的渴望，用好几个月的时间辛勤写出的书，读者仅用三四个小时便可读完，并且在这么短的时间里就会将它遗忘。尽管徒劳，但没有作家会眼光短浅到不在内心存有这样的希望：至少有一部分自己的作品可以留传后世。艺术家对死后的名声抱有信念，这种虚荣心并没有什么坏处，常常能够让他们忍受生活中的挫败和失望。如果回顾二十年前看似会不朽的作家时，我们就会明白，艺术家实现这一目标是多么渺茫。现在，那些作家的读者在哪里？不断有大量的书籍被印刷出来，还有现存书籍无休止的竞争，那些曾经被遗忘的书能够再次被想起的可能性是多么微乎其微！

说到后人，有一件非常奇怪的事情可能让有些人觉得不公平，那就是后人只会关注那些生前就受人欢迎的作家。那些只能取悦一小部分人，从未接触大众的作家不会获得后人的青睐，因为后人永远不会听说他们的名字。流行是对他们没有价值的充分证明——这一深刻认知对流行作家来说会是种安慰。也许莎士比亚、司各特和巴尔扎克不是为了切尔西的次贤，而是为了后代在写作。作家只有在自己的创作中获得满足才是安全的。如果他能够意识到创作使他获得了灵魂的解脱、塑造作品的快乐，同时至少在某种程度上满足了他的审美需求，这些已经足够回报他的辛苦工作，那么他就会对结果不以为意了。

第 50 章
精神上的自由

　　作家这份职业的缺点和危险均被一个巨大的优势所抵消，它使所有的困难、失望，也许还有艰辛，统统不再重要。它给了作家精神上的自由。对于作家来说，生活是场悲剧，但创作的天赋可以使他的情绪得以宣泄，内心的遗憾和恐惧也得以清除，而这正是亚里士多德告诉我们的艺术的目标。作家的罪过和愚蠢，还有降临到他头上的不幸与单相思的爱情，以及他的身体缺陷、疾病、贫困、破灭的希望、悲伤和耻辱，所有的一切都可以被他的能量转化成写作素材，从而使他能够克服这些不幸。从街上一瞥而过的脸庞到让文明世界震荡的战争，从玫瑰的香气到朋友的去世，所有事物都可以成为他这座加工厂的原材料。任何降临到他身上的事情，他都可以将其变成一段诗歌、一首歌曲或者一个故事，并且在完成创作后，他就得到了解脱。艺术家是世界上唯一自由的人。

也许这就是为什么如我们所知，全世界都对作家深表怀疑。当他对人类共同感到激动的事情表现得如此莫名其妙时，我们不能确定他是否值得信任。还有一件激起人们愤慨的事情，那就是艺术家的确从不认为自己应当受到普通标准的约束。他为什么要遵守呢？总的来说，人类思想和行动的首要目的是满足自己的需求，维持自己的存在。而艺术家是通过对艺术的追求来达到这个目的的，人们的消遣却是他最认真对待的事情，因此他和人们对待生活的态度是不一样的。他创造自己的价值。人们之所以认为他愤世嫉俗，是因为他不重视美德，也不厌弃那些触动人们神经的罪行。他并不愤世嫉俗，只是因为人们所说的美德和罪行不是他特别感兴趣的事情，这些不过是他的情节组织中无关紧要的元素，他已从中构建了自己的自由。当然，普通人对艺术家感到愤慨是很正常的，但这对他来说没有任何作用，他已无药可救。

第 51 章
创作《人性的枷锁》

　　在成为剧作家并且获得成功后，我便决定将自己的余生都用于写剧本，但我想错了。我一度很快乐、富足，也很忙碌，脑子里都是自己想写的剧本。但不知道是因为成功没有带给我所期望的一切，抑或这就是获得成功后的自然反应：在刚作为一名受欢迎的剧作家站稳脚跟后，我就受到了往日生活种种记忆的困扰。母亲的离世，家庭的破碎；头几年在学校过得非常悲惨——我的童年是在法国度过的，导致我没做好准备就去上学了，口吃更是让我的生活雪上加霜；而我在海德堡度过的那些轻松、单调却令人兴奋的日子带给我很多快乐，在那里，我第一次开启了自己的精神生活篇章；在医院度过的那几年令我厌烦，还有伦敦带给我的兴奋，所有这些全都一股脑儿地向我涌来，它们出现在我的梦中，出现在我散步、排练剧本、参加聚会时，变成了沉重的负担，使我不得不下定决心用小说的形式将它们写下来，这样我的内心才能重获安宁。我知道那将是很长的一部小说，而我不想在写作期间受到打扰，于是便拒绝了急于跟我签订合同的剧院经理们，暂时离开了舞台。

在拿到医学学位后，我去了塞维利亚，那时我就写了一本相同主题的小说。幸运的是，菲希尔·昂温不愿为了这本小说支付我想要的几百英镑，也没有其他出版商想以任何价格出版它。若非如此，我就会失去这个因为自己太年轻而无法善加利用的题材。那本书的手稿还在，但自从修改完打字稿后，我再也没有看它一眼。我毫不怀疑，它非常不成熟。书中描述的事情刚过去没多久，我还不能理性地看待它们，而且当时我尚未体验后面那些丰富的经历，而这些经历被我放进了最后完成的书里。与前面那书有关的不快记忆之所以没有被压抑在我的潜意识中，是因为在作品出版前，作者无法完全摆脱与之相关主题的影响。一旦作品被呈现在大众面前，不管引起的注意多么微小，都已经与作者无关，他已经摆脱了压在自己身上的负担。前面我写的那本书叫《灰烬其华》，名字取自《以赛亚书》[1]，但最近我发现这个名字被别人用过了，于

---

[1] 《圣经》第23卷书，据传是上帝默示由以赛亚先知完成的关于犹大国和耶路撒冷的背景资料。

是又从斯宾诺莎①的《伦理学》中选了一本书的书名《人性的枷锁》作为替代。这不是我的自传，而是一本自传体小说。事实与虚构不可分割地交织在一起，里面的情感是我的，但其中的事件却并非全部如实叙述，有些发生在主人公身上的事件不是取材于我，而是与我关系密切的人的经历。这本书使我达到了自己的目的，在它面世后（当时世界正处于一场可怕的战争中，人们过于关注自己的苦难，不会为了一个虚构人物的冒险经历而费心劳神），我便永远地从那些伤痛和不愉快的回忆中解脱了。我把当时自己所知道的一切都写进了书中，结束后，我便准备重新出发了。

---

① 即巴鲁赫·斯宾诺莎（Baruch de Spinoza，1632—1677），十七世纪哲学家，近代西方哲学的三大理性主义者之一，与笛卡尔和布莱尼茨齐名。

第 52 章
当你厌倦了生活

　　我厌倦了，不仅对人，也对一直以来萦绕在心头的思绪感到厌烦。我厌倦了身边的人以及我的生活。我感到自己已经从我生活的世界中得到了我所能得到的一切。作为剧作家所获得的成功让我过上了奢华的生活，社交界向我敞开了大门，去大人物家举办的盛大晚宴和精彩的舞会，在乡间别墅度过周末，与作家、画家和演员这些才华横溢的聪明人来往，还有曾经的风流韵事，以及朋友们轻松相伴的时光，这一切都使我生活得舒适、安逸。可这些令我感到窒息，我渴望不同的生活方式和新的体验，但我不知道从哪里能获得这些。我想到了旅行。我已经厌倦了自己，也许在遥远的国度经过长时间的旅行之后，我会重获新生。当时人们经常想到俄国，于是我想到那里待上一年，学习我已有所了解的语言，将自己投入那个幅员辽阔的国家的情感和神秘之中。我想也许在那里我的精神能够获得寄托并得以充实。当时我四十岁，结婚生子正是时候。有时候我也会通过想象自己已婚的画面来自娱自乐。但我并没有特别想娶的人，吸引我的只是那种状态。在我描绘的生活图景中，结婚似乎是一个绕不过去的主题，而且我曾天真地幻想过（尽管我已不再年轻，认为自己也颇为世故，但在很多方面，我有着仍然令人难以置信的天真），婚姻能带来平静，可以使你远离风流韵事的打扰，也许这些韵事在开始的时候是不经意的，但之后会带来一系列的麻烦（因为一段恋爱需要两个人的参与，而男人之蜜糖却往往是女人之砒霜）。婚姻带来的平静可以使我不再浪费宝贵的时间，不受精神紊乱的干扰，写下我想写的一切东西。它带给我平静，以及安定且有尊严的生活方式。我一直在寻求自由，而我认为自己可以在婚姻中获得。在写《人性的枷锁》时，我就有了这些想法，就像作家会做的那样，我把自己的愿望写进了小说，并在结尾处勾勒了一幅我喜欢的婚姻的画面，但大部分读者却认为这是全书中最令人不满意的部分。

最后我的犹豫不定因为一件我无法控制的事情而得以解决。战争爆发了，我人生的一个篇章已经结束，另一个篇章开始了。

第53章
从欧洲到南海

我有个担任内阁大臣的朋友，我写信请他帮我找点事做，于是我被邀请到陆军部报道。我害怕会被安排在英国做文书工作，我渴望立刻赶往法国，因此加入了一个救护车队。尽管我不认为自己的爱国心比别人少，但我的爱国心中还掺杂着新的体验带给我的兴奋，刚刚登陆法国，我便开始记笔记。我一直保持着这个习惯，直到工作越来越繁重，使我在一天结束后累极了，只能上床睡觉。我很享受自己投入的新生活和没有负担的感觉。自从上学后，就再没有人管过我，现在被人吩咐做这做那对我来说是种乐趣，在完成任务后，我感觉剩下的时间都是我自己的了。这是当作家时从来没有过的感受，相反，我总觉得一分钟都不能浪费。而现在，我可以问心无愧地在小咖啡馆里浪费几个小时跟人闲聊。我喜欢和一大帮人见面，尽管我不再写作，却仍然将他们的特点珍藏在了我的记忆中。我从来没有置身任何特别的危险当中，我很想知道在面对危险时我会有怎样的感受。我从不认为自己很勇敢，也不认为有必要去勇敢。我唯一可以审视自己的机会是在伊普尔①的大市场②上，当时我正要去看对面被毁坏的布厅③，一枚炮弹就炸毁了我刚刚靠着的那堵墙，但我太惊讶了，没有留意到自己的精神状态。

后来，我加入了情报部门，在那里我看起来可能更有用一些，因为在驾驶救护车时，我多少有些力不从心。这份工作让我感到既浪漫，又荒谬。他们教我如何摆脱跟踪者，在意想不到的地方秘密会见特工人员，用奇怪的方式传递情报，以及越过边境运送情报。毫无疑问，这些非常有必要，但也很容易让人想起当时一些耸人听闻的廉价小说，对我来说，它们让我远离了战争的现实，我只能把它们当作将来可能用到的素材。而且，这些技巧都太老套了，我怀疑它们是否有用。到瑞士一年后，我

① 伊普尔（Ypres）：位于比利时西佛兰德省的一座古老城市，中世纪时期繁荣的商业城市，主要从事和英国的麻布生意。第一次世界大战期间处于德法战争的重要战略位置，发生过多次战役。

② 伊普尔的中心广场，周边有多座精致的建筑。

③ 伊普尔布匹大厅，位于大市场西侧，是欧洲最大的哥特式风格民用建筑之一。

的工作结束了。那里的冬天非常寒冷，工作期间，我经常挨冻，因为需要在各种天气下穿越日内瓦湖。我的身体状况很差，工作结束后，我似乎也没有什么事情可做，于是便去了美国，我的两部戏将在那里上演。我在美国遇到了一些事，由于愚蠢和自负，我的精神状态濒于崩溃，至于是什么事，已没有必要再提。为了恢复内心的平静，我决定去南海。从青年时期读到《退潮》①和《沉船》时，我就一直想去那里，此外我也想为已经构思了很长时间、根据保罗·高更的生活改编的一部小说搜集素材。

我去了南海，不仅为了寻找美和浪漫，也很高兴能有一片大洋可以隔开我和困扰我的那些麻烦。我在那里不仅找到了美和浪漫，还发现了一些我未曾料到的东西：我找到了新的自我。自从离开圣托马斯医院后，我身边的人都很重视文化。我渐渐认为世界上没有比艺术更重要的事情了。我在宇宙间寻找生活的意义，而唯一能找到的就是世界各地的人们所创造的美。从表面上看，我的生活丰富多彩、令人兴奋，内在却很浅薄。现在，我来到了一个新的世界，小说家

---

① 《退潮》（The Ebb-Tide）：英国作家罗伯特·路易斯·史蒂文森（Robert Louis Stevenson，1850—1894）的作品，下文中的《沉船》（The Wrecker）为他与其继子合著的作品。史蒂文森另著有《金银岛》（Treasure Island）、《化身博士》（The Strange Case of Dr Jekyll and Mr Hyde）等。

的本能使我兴奋地去接触新鲜事物。打动我的不仅有海岛的美丽——赫尔曼·梅尔维尔①和皮埃尔·洛蒂②已使我对此早有所闻，而且尽管这里有种不同寻常的美丽，却并不比意大利南部或希腊更美。打动我的也不是这里随性、轻松且稍微有点冒险的生活。令我兴奋的是遇到一个又一个的陌生人。我就像个生物学家，来到了一个动物种类丰富得难以想象的国家。我认识其中的一些，他们是以前我读到过的类型，他们带给我的感受和惊喜和有一次我在马来亚群岛看到一棵树上栖息着一只鸟时的心情一样，我只在动物园里见过那种鸟，起初我以为它肯定是从笼子里逃出来的。而其他人对我来说则非常陌生，他们带给我的震撼如同华莱士③遇到了一个新的物种。我发现他们很容易相处，而且形形色色，如果不是因为我的观察力得到过很好的训练，他们之间的差别真的会令人感到困惑。我不自觉地将他们分门别类地放进了自己的认知里。他们当中有文化的人寥寥无几，他们在一所不

① 赫尔曼·梅尔维尔（Herman Melville, 1819—1891）：美国小说家、散文家、诗人，以海上冒险小说闻名于世，代表作品《白鲸》（*Moby Dick*）。

② 皮埃尔·洛蒂（Pierre Loti, 1850—1923）：法国作家，擅长描写海外风情，1891年入选法兰西学院院士。

③ 即阿尔弗雷德·拉塞尔·华莱士（Alfred Russel Wallace, 1823—1913），英国博物学家、地理学家及生物学家，和达尔文几乎同时提出了"自然选择"理论。

同于我上过的学校里学会了生活，形成了不同的见解。他们生活在另一个层面，我不能幽默地认为自己生活的层面更高，两者只是不同而已。在明眼人看来，他们的生活模式自成一派，条理相当分明。

我不再高高在上。在我看来，这些人比我迄今为止所认识的人更有活力。他们迸发出的不是宝石般冷酷的火焰，而是一团冒着烟的熊熊大火。他们有自己的局限和偏见，往往迟钝而愚蠢。但我不在乎，他们互不相同。在文明社会，人们的特质会因为要遵守某些行为准则而被削弱，文明成了他们的面具。而这里的人则不加掩饰，袒露自己。他们彼此不同，生活在保留了诸多原始性的社会中，从未觉得需要墨守成规。他们的个性有机会可以不被抑制地加以发展。大城市里的人们就像被扔进袋子里的石头一样，棱角被磨平，最后变得像弹珠一样光滑。而这里的人们，他们的棱角从未受到磨损。在我看来，他们比之前和我一起生活了很长时间的人更接近人类的本性。面对他们，我心跳加速，就像多年前我看到人们涌入圣托马斯医院的门诊室时的感受一样。我的笔记本里写满了对他们的外表和性格的简单描述，而此刻，这些众多印象激发了我的想象，围绕其中最生动的部分，故事开始从一个线索、一个事故或者一个幸福的谎言逐渐成形。

第 54 章
病房中的感悟

回到美国后不久，我便被派往彼得格勒执行任务。我没有信心胜任这个职位，我觉得自己可能并不具备担任它所必需的技能。但当时看上去没有人比我更合适，而且作家这个身份可以很好地为我要做的事情做掩护。我的身体不太好，我有足够的医学知识可以推测出自己大出血的原因，X光照片清楚地显示出我得了肺结核。但是我不能错过到托尔斯泰、陀思妥耶夫斯基和契诃夫的祖国长住的机会。我有个想法，在被派去工作的间隙，我可以让自己得到一些有价值的东西。于是，我用力地踩响了爱国主义的强音踏板，使我的医生相信，在当时悲惨的背景下，我不会有太大危险。我兴高采烈地出发了，我有可随意支配的钱财，还有四个忠诚的捷克人在我和马萨里克教授之间做联络官员，而教授手下又大概有六万名遍布俄国各地的捷克同胞听命于他。我为自己的职务感到兴奋，我是作为秘密特工去往俄国的，必要时我可以否认自己的身份。我接到指令要去接触政府的敌对政党，想办法让俄国继续参战，并阻止轴心国支持的布尔什维克掌握政权。我没有必要让读者知道在这项任务中我不幸地失败了，我也不要求他们相信，如果我能提前六个月去执行这项任务，很可能就已经成功。在我到达彼得格勒三个月后，政府被推翻，我的计划全盘落空。

回到英国时，我已经有了一些有趣的经历，对一个人也有了很深的了解，这个人是我见过的最非凡的人之一，他就是鲍里斯·萨文科夫①，曾暗杀过特列波夫②和谢尔盖大公③的恐怖分子。但我在醒悟后便离开了。在需要行动的时候却说个没完，犹豫不决，只会产生破坏性结果的冷漠、高调的抗议，以及毫无诚意和三心二意，这些到处可见的缺点使

① 即鲍里斯·维克多罗维奇·萨文科夫（1879—1925），俄国革命者，著名的社会革命党活动家，反对俄罗斯帝国及苏维埃政权，同时也是作家。
② 即亚历山大·费奥多罗维奇·特列波夫（1862—1928），俄国政客，曾任俄罗斯帝国大臣会议主席（首相）。
③ 即谢尔盖·亚历山大罗维奇大公（1857—1905），沙皇尼古拉二世的叔父，也是其最有影响的智囊之一，曾任莫斯科总督兼莫斯科军区部队司令。

我对俄国和俄国人倍感厌恶。事实上，我回到英国时病得很厉害，由于我在俄国的任务使然，我不能像大使馆官员那样吃饱肚子再为自己的国家服务，于是只能和俄国人一样，勉强维持简单的饮食（到达斯德哥尔摩之后，得等上一整天，才会有驱逐舰带我穿过北海，于是我便到糖果店买了一磅巧克力，在街上吃了起来）。有一项计划要派我去罗马尼亚，与波兰的某些阴谋有关，我已经忘记具体的细节，不过这项计划失败了。我并不感到遗憾，因为当时我咳嗽得很厉害，持续的发烧让我的夜晚变得非常难挨。我去看了伦敦最知名的专科医生，由于当时不方便去达沃斯和圣莫里茨①，他便打发我去了苏格兰北部的一所疗养院，接下来的两年，我就一直过着病人的生活。

我过得很愉快。我第一次发现躺在床上是多么惬意。当你整天待在床上，你会吃惊地发现生活是那么丰富，有那么多事情可做。我的房间很私密，这一点我很喜欢，还有敞开的宽大的窗户对着外面星光灿烂的冬夜。这些给我了美妙的安全感、疏离感和自由。这里的寂静令人陶醉，似乎有无限的空间在其中，我的灵魂只有群星相伴，却似乎能够进行任何的冒险。我的想象变得前所未有的敏捷，就

---

① 达沃斯和圣莫里茨均为瑞士著名的度假胜地。

像一叶张满风帆的轻舟在微风中疾行。尽管在这种单调的日子里，令人兴奋的只有书和思考，但当时间不可思议地一晃而过后，我在离开病床时却不由得感到一阵痛苦。

后来我恢复了一些，可以在一天当中的某个时间和病友接触，我感到自己进入了一个陌生的世界。这些人中，有些在疗养院已经待了好几年，尽管他们各有特点，却和我在南海遇到的那些人一样非常奇特。疾病、古怪的脾性、与世隔绝的生活通通对他们产生了奇怪的影响，使他们的性格变得扭曲、顽固和恶劣，就像在萨摩亚或塔希提岛①，人们的性格由于令人倦怠的气候和陌生的环境而变得糟糕、顽固或者扭曲。我想这所疗养院使我对人性有了很多了解，在其他地方，我是永远也不会知道这些的。

---

① 萨摩亚与塔希提岛均位于南太平洋。

第55章
旅行的收获

当我恢复健康时，战争结束了，我去了中国。我和任何对艺术感兴趣的旅行者一样，想看看自己能够在这个有着古代文明的陌生民族的风俗中发现些什么。不过，我还有另一个想法，我认为自己肯定会遇到形形色色的人，认识他们会使我的经历变得更加丰富。事实的确如我所想，我的笔记本里写满了对各个地方和各种人物的描述，还有我受到启发联想到的故事。我开始意识到旅行带给我的具体好处了。之前，那只是一种本能的感觉。一方面，旅行可以带给我精神上的自由；另一方面，可以让我搜集到对自己创作有用的人物的礼仪举止。在那之后，我去了很多国家。有许多次，我乘着班轮、不定期货船和纵帆船穿洋过海。我坐过火车、汽车和轿子，骑过马，还徒步行走过。我留意着人们的性格、古怪之处和个性。我可以很快就判断出在某个地方是否会有所发现，如果有希望，我就会等下去，直到找到我所需要的东西，否则我就会离开。我接受自己的每一次经历。我会在金钱允许的情况下，尽可能舒适地旅行。对我来说，为了简朴而简朴纯粹是一种愚蠢。但我也从不曾因为条件艰苦或有危险而止步不前。

我从来不是一个观光客。人们对世上的美景投入了如此多的热情，而我在面对它们的时候却很难提起兴趣。我更喜欢普通的事物——建在木桩之上、坐落于果树林中的木屋，排列着椰子树的一小弯海滩，或生长于路边的一丛竹林。人们和他们的生活才是我的兴趣所在。虽然我羞于结交陌生人，但幸运的是，在旅途中我有一个非常具有社交天赋的同伴，和蔼可亲的性格使他能够在很短的时间内在船上、俱乐部、酒吧和旅馆交到朋友，这样我就能通过他轻松地接触大量的人，否则我只能从远处了解他们。

我只会以自己感到适合的亲密程度和他们结交。这种亲密源于他们的无聊或孤独，他们很少向我隐瞒秘密，但分开后，这种亲密便会被打破。我和他们之所以能够亲近，是因为界限已事先设定。回顾那段漫长的历程，我想不起有哪个人讲不出我感兴趣的话题。在我看来，我似乎有了和照相底片一样的灵敏度。对我来说，我呈现的图片是否真实并不重要，重要的是通过想象，我可以使遇到的每个人都表现出看似真实合理的协调。这是我做过的最引人入胜的游戏。

有一本书上写到，没有人和其他人长得一模一样，每个人都是独特的。在某种程度上，这的确是事实，但也容易被人们夸大。实际上人和人之间非常相似，他们可以被划分成相对较少的几个类型。相同的环境以相同的方式铸造了人们的性格。通过某些特征可以推断出一个人的其他特点。你可以像古生物学家一样，通过一根骨头复原出一个动物的全貌。自提奥夫拉斯图斯①以来的流行词汇"性格"，还有十七世纪的"体液"②都证明人类将自己分成了几个明显的类别。实际上，分类是现实主义的基础，其吸引力在于可用于对人们进行识别。浪漫主义方法注重的是个例，而现实主义则注重普遍性。当人们处于生活原始的国家或者陌生的环境中，微小的异常情况就会突显出他们的普通，从而

① 提奥夫拉斯图斯（Theophrastus，约前371—前287）：古希腊植物学家和哲学家，先后师从于柏拉图和亚里士多德，开创了西方"性格描写"之先河。
② 体液学说起源于古希腊的医学理论，认为人体内不同体液之间的平衡关系造成了人的性格，可以分为四种气质：多血质、黏液质、黄胆汁质和黑胆汁质。

使这种普通成了一种特点。而如果他们本身就非同寻常，当然会有人如此，由于缺少通常的约束，他们便可以自由地发展自己的怪癖，而这一点在更为文明的社会很难做到。这样一来，他们就成了很难用现实主义方法进行分析的人物。过去我会一直在外旅行，直到我的感受力被耗尽，不再有能力对遇到的人做富有想象力的联想，对他们进行塑造，使他们前后连贯。然后我会回到英国，整理留在脑海中的印象，并且休息，直到我的消化能力恢复。最后，大约在七次这样的长途旅行之后，我在人们身上找到了某种相同之处。我遇到了越来越多以前见过的类型，他们不再吸引我。我得出结论，我的接纳能力已经达到极限，再也不能远赴千里，怀着热情和个人兴趣地去观察人们，我从不怀疑自己在他们身上看到的特质是我所赋予的，于是我认定旅行不再对我有益。有两次我几乎死于高烧，还差点儿被淹死，甚至有土匪朝我开过枪。我很高兴能回到更加有序的生活中去。

每次从旅途中归来，我都会有一点变化。我年轻时读了很多书，倒不是因为我觉得这对我有益，而是出于好奇和求知欲，而我之所以旅行，是因为旅行使我开心，还可以得到对我有用的素材，我从来没有想到新的体验会对我产生影响，直到很久之后，我才明白旅行如何影响了我性格的形成。在和所有这些陌生人的接触中，我没有了在平淡的文人生活中作为袋子里的一块石头时习得的圆滑。我恢复了原来的棱角，我终于是自己了。我停止旅行是因为我认为旅行再也给不了我什么，我也不会有新的发展。我已经摒弃了文化上的傲慢，我的心态是完全开放的。我对任何人的要求都不会超过他所能给予的一切。我学会了宽容。我为伙伴们的善良感到高兴，但不会为了他们存心不善而痛苦。我得到了精神上的独立。我学会了走我自己的路，不去在意别人的想法。我为自己争取自由，也预备给予别人自由。当人们对他人恶劣时，你很容易耸耸肩，一笑而过；而当他们对你很恶劣时，你就没那么容易不在乎了。但我发现在我身上这一点是有可能的。那时候在中国海上，我在船上遇到了一个人，现在，我要借用他的一句话来表达出我对人类的看法，他是这么说的："伙计，告诉你吧，我用一句话形容自己对人类的看法，那就是，他们心地善良，但脑子不行。"

第56章
形式的奥妙

　　动笔之前，我总喜欢把要写的东西在脑海里酝酿很长一段时间。直到记下笔记四年后，我才开始写我在南海构思的第一个故事。我已经多年不写短篇小说了，但我的写作生涯就是从写短篇小说开始的。我的第三本书是一本合集，由六篇短篇小说组成，它们谈不上是上乘之作。从那之后，有时我会尝试为杂志写故事，我的经纪人要求我写得诙谐一些，但我没有那个才能，我严厉、愤愤不平，还喜欢讽刺。为了赚到一点钱，我努力想让编辑满意，但很少成功。我写的第一个南海的故事叫《雨》，有一段时间，我在这本书上的运气看起来并不比年轻时写的那些书更好，编辑们纷纷拒绝出版这本书。但我已经不再介意，便继续写下去。当我写完第六篇时，最终所有的故事都登上了杂志，我将它们合成了一本书。它们的成功出乎意料，且令人开心。与自己想象中的角色共度两三个星期后再与他们分道扬镳，非常令人愉快。一个人在写作时，是没有时间对自己写的人物感到厌倦的，但如果在现实中跟这些人物相处数月，却很容易让人厌烦。这一类型的故事大约只有一万两千字，却给了我足够的空间发展主题，同时迫使我写得非常简洁，在这一点上，要感谢我作为剧作家积累的经验。

但不幸的是，在我开始认真写短篇小说的时候，英、美两国的一流作家正受到契诃夫的影响。文学界在某种程度上缺乏平衡，当一种偏好占据主导地位时，人们不认为那只是一时的流行，而倾向将其视为天道。文学界还有一种普遍的看法，认为任何有艺术倾向、想写短篇小说的人必须写得像契诃夫一样。有些作家将俄国式的忧郁、神秘主义、软弱、绝望、徒劳和缺乏目的移植到了萨里、密歇根、布鲁克林、克拉彭，并为自己赢得了很大声誉。必须承认，契诃夫不难模仿，有很多俄国难民就做得非常不错，我之所以知道他们，是因为我曾身受其害，他们将写好的小说寄给我让我为他们纠正英语，但当我不能为他们从美国杂志那里获得大笔收入时，就得罪了他们。契诃夫是非常优秀的短篇小说作家，但他也有自己的局限性，他很明智地将这些局限变成了自己艺术的基础。他没有天赋写出紧凑、戏剧性的故事，就是那种你可以绘声绘色地在晚餐桌上讲给别人听的故事，例如《遗产》或《项链》。他本人似乎性格开朗、非常务实，但作为作家却展现出忧郁的天性，对暴力行为或热情洋溢感到厌恶并弃之不用。他的幽默总令人不快，那是一个人激动的情感被触痛后的愤怒反应。他看待生活的方式非常单一，他的角色也没有鲜明的个性，他似乎对角色本身没有太多兴趣。也许这就是为什么你会感到他的人物不仅彼此相似，而且仿佛相互融合在一起向前探索的细胞质，让你感到了生活的神秘和徒劳。正是这些赋予了他独特的品质，而他的追随者却并不具备这一点。

我不知道自己能否按契诃夫的方式去写作，我也并无此意。我想写的小说结构紧凑，从序幕到结尾沿着一条连续不断的线索向前推进。在我看来，短篇小说是对单一的现实或精神事件的叙述，在去除掉所有不重要的细节后达到了戏剧性的统一。我并不害怕所谓技术上的"要点"。在我看来，只有不合逻辑的短篇小说才应该受到谴责，我认为短篇小说受到质疑只是因为作家往往为了追求效果而随意拼凑，缺乏合理的动机。简而言之，我更愿意用句号而不是省略号来结束自己的短篇小说。

我想，正是因为这一点，才使得短篇小说在法国比在英国更能被人欣赏。我们的长篇巨著结构混乱、非常笨重，却让英国人感到满足，他们在这些混乱而详尽的巨著中迷失了自己。这些作品的结构松散、杂乱无章，随意出现又随意消失的与主题无关的奇怪角色都赋予它们一种特殊的现实感。然而也正是这一点给法国人带来了强烈的不适。亨利·詹姆斯关于小说形式的说教引起了英国人的兴趣，但对他们写作的影响却微乎其微。事实上，英国人对形式持怀疑态度，他们认为形式给人一种了无生气的感觉，形式的限制让他们感到厌烦。英国人认为当作者将自己的素材以任何形式固定下来之后，素材的生命力已经从他的指间溜走了。法国评论家认为一篇小说必须有开头、中间和结尾，其主题应当能够清晰地发展出合乎逻辑的结局，并且它应该提供所有争论的焦点。也许，由于我年轻时对莫泊桑的了解，作为剧作家所得到的锻炼，还有我自己的个人特质，使我获得了法国人喜欢的形式感。无论如何，他们都认为我既不多愁善感，也没有长篇大论。

第 57 章
如何从生活中提取原型

　　生活中很少有现成的故事可以提供给作家。实际上，事实往往非常无聊。它们可以启发你的想象，但接下来又容易发挥其有害而无益的影响力。《红与黑》就是一个典型的例子。这是一部非常伟大的小说，但人们普遍认为其结局无法令人满意。原因不难找到。司汤达写这篇小说的灵感来自当时一起引起轩然大波的事件。一位年轻的神学院学生杀死了他的情妇，在受审后被送上了断头台。司汤达不仅在男主人公于连·索雷尔身上投射了大量自身的缩影，还更多地将其塑造成了他想成为却痛苦地意识到成为不了的人。他创造了最有趣的小说人物之一，并使这个人物在全书整整四分之三的部分表现得前后一致。然而接下来他又被迫回到了给予他灵感的事实当中。为了做到这一点，他只能让主人公做出违背其性格和理智的行为。由此带来的震撼如此巨大，以致你无法再信以为真，而当你不再相信时，小说就失去了吸引力。这种情况告诉我们，一旦事实不符合角色的思维方式，就要有勇气将它抛弃。我不知道司汤达本来可以如何结束这部小说，但我认为很难找到一个更加令人不满意的结尾了。

我曾经因为根据现实中的人物来描写角色而受到批评，看了我读过的那些评论，也许你会以为之前没有人做过同样的事情，但那完全是一派胡言。这种做法非常普遍，从文学诞生以来，作家在创作时就有原型。我相信，有些学者找出了佩特罗尼乌斯[1]在创作富有的贪吃者特立马尔奇奥时参照的样板，还有莎士比亚的学生也找到了沙洛法官[2]的原型；德高望重的司各特在一本书中将自己的父亲描绘成一个尖酸刻薄的形象，而当岁月褪去了父亲的严厉之后，他又将其描绘成了一个和蔼可亲的人物；司汤达曾在一部手稿中列出了启发他创作角色的人的姓名；众所周知，狄更斯按照自己的父亲写

---

① 即盖厄斯·佩特罗尼乌斯（Aius Petronius，？—公元66年），古罗马时期的作家，出身于贵族家庭，普遍认为长篇讽刺小说《萨蒂利孔》（Satyricon）是他的作品，后文中提到的佩特罗尼乌斯就是该作品中的人物。

② 沙洛法官：莎士比亚笔下的人物，曾出现在他的多部戏剧中。

出了米考伯先生①，又按照利·亨特②写出了哈罗德·斯金波③；屠格涅夫说，除非他开始将自己的想象投射到一个现实中的人物身上，否则根本无法创作出角色。我怀疑那些否认自己采用真人作为原型的作家，要么是在自欺欺人（这并非没有可能，因为即使一个人不是非常聪明，也能成为一个非常优秀的作家），要么是在欺骗大众。如果他们是在实事求是地说脑海中并没有什么特别的人物形象，那么我认为我们会发现他的角色更多地来自他记忆，而非创作本能。我们有多少次遇到过有着其他的名字、穿着其他衣服的达达尼昂④、普劳迪夫人⑤、格

---

① 米考伯先生（Mr.Micawber）：狄更斯的小说《大卫·科波菲尔》（*David Copperfield*）中的人物。

② 利·亨特（Leigh Hunt，1784—1859）：英国新闻记者、散文家、政治评论家。

③ 哈罗德·斯金波（Harold Skimpole）：狄更斯的小说《荒凉山庄》（*Bleak House*）中的人物。

④ 达达尼昂（D'Artagnan）：法国作家亚历山大·仲马（Alexandre Dumas，1802—1870）的小说《三个火枪手》（*Les Trois Mousquetaires*）中的主角。

⑤ 普劳迪夫人（Mrs.Proudie）：英国作家安东尼·特罗洛普（Anthony Trollope，1815—1882）的系列小说《巴塞特郡纪事》（*The Chronicles of Barsetshire*）中的人物，下文中的格兰特利执事长也是该书中的人物。

兰特利执事长、简·爱①和杰罗姆·科尼亚德②！说实话，根据真实的样板描绘人物的做法不仅很普遍，而且非常必要。我不明白为什么作家要羞于承认这一点。正如屠格涅夫所说，只有当你的脑海中有一个确定的人物时，你的创作才会具有活力和特质。

我坚持认为这是一种创造。即使对我们来说最熟悉的人，我们也知之不多。我们对他们的了解程度并不足以将他们栩栩如生地描摹到书本上。人们神秘莫测，太难以理解，因而难以复制。而且他们不够有条理，前后矛盾。作家不会复制他的原型，而是从原型中选取自己所需要的东西，如引起他注意的一些特征、激发他想象力的思维方式，来构建自己的角色。他不关心自己描绘得是否真实，他在意的只是为了自己的目的创造一种合理的一致性。最后的成果和原型大相径庭，因此作家常常被指责非常逼真地描绘了一个和他们脑海中的人物完全不同的形象。而且，作家是否会选择与他关系密切的人作为原型是不确定的。对作家来说，往往在茶馆

---

① 简·爱（Jane Eyre）：英国作家夏洛特·勃朗特（Charlotte Bronte，1816—1855）同名小说中的主人公。

② 杰罗姆·科尼亚德（Jérome Coignard）：阿纳托尔·法朗士的小说《杰罗姆·科尼亚德的意见》（Les Opinions de Jérome Coignard）中的主人公。

瞥见一个人，或者在船上的吸烟室和某人交谈一刻钟，就已经足够。他需要的就是那片狭小而富饶的土壤，让他可以利用自己的生活经历、对人性的了解和天生的直觉在上面构造角色。

如果不是因为作家在描写角色时参照的原型人物容易敏感，那整个过程将会一帆风顺。人类非常自大，见过作家的人常常会在他的作品里寻找自己的影子，如果他们认为这个或那个角色取材自己，只要这些角色有任何缺点，他们就感到自己受到了严重的冒犯。他们的虚荣心太强，尽管他们会随意挑朋友的毛病，嘲笑他们的荒唐行径，却不能接受自己也有缺点和荒谬之处的事实。当他们的朋友带着恶意的愤慨假装为他们遭到的凌辱表示同情时，情况就会变得更加糟糕。当然，这里面也有很多谎言。我想我不是唯一受到女人诽谤的作家，她们声称我和她们相处过，将其写在书中有辱她们的好意，但我既不认识也没有听说过她们。可怜的娼妓们非常爱慕虚荣，而她们的生活又极为空虚，因此她们故意将某个性格可憎的角色认作自己，从而在某个小圈子里为自己争得一个小小的恶名。

有时作家会根据某个非常普通的人创作出高贵、有自制力且勇敢的人。他从那个人身上看到了周围人所忽略的某种价值。然而奇怪的是，没人能够认出这个原型。只有当你展示出他的缺点或者荒唐的怪癖时，这个人才会马上被人认出。因此我不得不从中得出结论：我们是通过朋友的缺点而不是优点来认识他们的。很少有作家愿意得罪人，他们尽可能地用各种方法保护自己的原型。他让自己创造的人物置身不同的地方，有着不同的生活方式，也许还会让他们处于不同的阶层。但他们不能轻易改变人物的外貌。一个人的外貌特征会影响他的性格，反之，他的性格也会体现在外表上，至少大体如此。你无法让一个高个子在变矮的同时在其他方面没有变化。一个人的身高让他在看待周围环境时有着不同的眼界，从而影响他的性格。你也很难不露痕迹地把一个娇小的深发女子变成身材魁梧的金发女郎。你必须尽可能地让他们保持原样，否则你将失去那些打动你并让你从他们身上取材的特点。但是，没有人有权指着书上的某个人物说："这是写给我的。"他只能说："我为这个角色提供了灵感。"如果他有常识的话，他会感到有趣，而非生气，作者的创造力和敏锐的洞察力可以向他揭示有关他的某些事情，而了解这些将对他有益。

第58章
论技巧

我对自己的文学地位没有抱任何幻想。在我的国家只有两位重要的评论家很重视我,而聪明的年轻一代在写一些关于当代小说的文章时从来不会想到我。对此我并不怨恨,这很自然,因为我从来不擅长宣传自己。在过去的三十年里,读者的数量大大增加,有大量无知的人只想获取知识,却不愿付出辛劳。他们认为如果小说中的人物对于当今的热门话题表达看法的话,自己在阅读时就能学到点东西了。零星的几处性爱场面就足以让获得的信息符合他们的口味。小说被看作传播思想的讲坛,小说家们也非常愿意把自己看成思想领袖。他们写的是新闻,而非小说。他们的作品具有新闻价值,但缺点在于没多久就像上个礼拜的报纸一样,不值得再读。但这个庞大的新读者群体对知识的需求导致最近有大量的书籍出版，这些书籍以非技术性语言涉及了人们感兴趣的主题，有科学、教育、社会福利和我不知道是什么的东西。这些作品大获成功，扼杀了社会小说①的出版。但显然在宣传小说流行时期，比起描写人物或冒险经历的小说，宣传小说看上去更为重要，也提供了更好的讨论主题。

从那时起，聪明的评论家和更为严肃的小说读者便将大部分注意力转向了采用新技巧的作者。这很容易理解，这些新颖的手法为老套的素材注入了新鲜感，它们本身也是非常值得讨论的。

在这类事情上投入如此多的注意力似乎很奇怪。通过参与情节的某个观察者的感官讲故事的方法由亨利·詹姆斯创造并达到了高度的完美，这种巧妙的方法提供了他想要的戏剧效果以及深受法国自然主义者影响的作家才能达到的逼真程度，同时也为采取全知全能叙事者视角的小说家提供了克服困难的方法。观察者不知道的内容可以借机保持神秘。不过，这种方法同自传体差别甚微，把它说得好像个伟大的美学发现就有点荒谬了。在人们做过的其他实验中，最重要的是采用意识流的写法。作家总是对有情绪价值且不难理解的哲学家感兴趣。

---

① 社会小说，即社会问题小说，也称为宣传小说，旨在揭露社会问题。

他们依次受到了叔本华、尼采和伯格森①的吸引。他们的想象不可避免地受到精神分析的吸引，它对小说家来说有很大的可能性。他们知道自己最好的作品在很大程度上要归功于自己的潜意识，通过人物潜意识中富有想象力的画面深挖角色的性格，这一点很诱人。这是一种聪明又有趣的技巧，但仅此而已。事实证明，当作家不再为了某个特定目的而将其当作临时手段，如讽刺、戏剧化或阐述，而是作为作品的基础时，那么，这种手法就会令人生厌。我想，这一类手法中的有益部分可以被吸收进小说的一般技巧中，但采用它们的作品很快就会失去吸引力。受到这些奇怪实验吸引的人们似乎没有注意到，采用这类技巧的作品所研究的问题非常琐碎。看上去是因为这些书的作者由于不安地意识到了自己的空虚而被迫使用了这些办法。使用这种精妙的技巧所描绘的人物本质上非常无趣，讨论的主题也无关紧要。也许这是意料之中的事情，因为艺术家只有在题材不够有趣时才会专注于技巧。当他痴迷于自己的主题时，是没有时间考虑表现的艺术性的。因此在十七世纪，当作家们被文艺复兴时期的精神探索搞得筋疲力尽，又因为国王的暴政和教会的统治而不能埋头思考人生的重大议题时，便开始

① 即亨利·伯格森（Henri Bergson, 1859—1941），法国哲学家、作家。

关注起了贡戈拉主义①、精巧的意象主义风格等诸如此类的玩意儿。近几年，也许人们对各种形式的艺术实验感兴趣正说明了我们的文明已经摇摇欲坠。在十九世纪曾受到重视的题材已经失去了吸引力，而艺术家们还不知道有什么样的重大议题将会影响下一代，而这一代创造的文明即将取代我们现有的文明。

---

① 贡戈拉主义（gongorism）：十七世纪西班牙巴洛克文学的一个流派。

第 59 章
论情节

在我看来，文学界不重视我的作品是很自然的事情。在写戏剧时，我发现自己在使用传统风格时会感到非常自在。而在写小说时，我又会上溯到远古的新石器时代，回到在人们栖身的洞穴中围着篝火讲故事的人那里。我有一些故事要讲，对它们很感兴趣。在我看来，这些故事本身已经足够。而现在，故事受到知识分子的轻视已经有段时间了，对我来说，这是一种不幸。我读过不少关于小说艺术的书，它们都认为情节的意义不大（顺便说一下，我不能理解某些聪明的理论家为什么要把故事和情节区分得这么清楚，情节只是故事的编排模式而已）。从这些书中，你会得出这样的结论：对于聪明的作家来说，情节只是一种累赘，是他们向大众愚蠢的要求做出的让步。的确，有时候你可能会认为最优秀的小说家是散文家，而仅有的称得上完美的短篇小说又是由查尔斯·兰姆和哈兹利特所写。

但听人讲故事的乐趣对人性而言，同观看衍生出戏剧的舞蹈和哑剧的快乐一样自然，侦探小说的流行证明了这种乐趣并未有所减少。最有学识的人也在读侦探小说，当然对他们来说，这是一种屈尊俯就，但他们还是去读了，如果不是因为只有他们的头脑才认可的心理学、教育学和心理分析类的小说不能满足他们这种特殊的需要，那他们又为什么要去读呢？有许多能力出众的作家，他们的脑海中有各种好东西要讲，也具有创造生动人物的天赋，但他们不知道究竟该如何对待这些自己创造出来的事物。他们写不出一个合情合理的故事。像所有作者一样（所有作者身上都会有某种程度的欺骗行为），他们把自己的局限当成了优点，要么让读者去自行想象发生了什么，要么就痛斥他们想要刨根问底。他们声称在生活中，故事不会结束，结局不可能圆满，谜团也总是悬而未决。但事实并非总是如北，至少死亡可以给所有故事画上句号。即便事实果真如此，那也算不上一个好理由。

因为小说家声称自己是艺术家，而艺术家不会复制生活，他会对生活进行改编以使其符合自己的目的。正如画家用画笔进行思考和作画一样，小说家用故事来进行思考，他的人生观——尽管他可能对此并不自知，以及他的性格和人的行为一样真实存在。在回顾过去的艺术时，你很难不注意到一点，那就是艺术家很少重视现实性。总体而言，他们把自然当作一种表面装饰，只有在他们的想象过于脱离自然而不得不回归现实时，才会偶尔对自然进行直接的复制。即使对于绘画和雕塑来说，也有人认为非常逼真的刻画往往宣告了一个流派的衰落。人们早已从菲狄亚斯[1]的雕塑《贝尔维德尔的阿波罗》中看到了单调，从拉斐尔的《波尔塞纳的奇迹》中看到了布格罗[2]式的了无生气。这时，艺术只有通过强加给自然一种新的约定才能获得新的活力。

不过关于这些，我只是顺便说说而已。

对于读者来说，想知道自己感兴趣的人发生了什么是一种天生的愿望，而情节就是满足这种愿望的手段。显然，创作一个好故事是件困难的事，但这不足以成为轻视故事的理由。一个好故事应当具有题材所需的前后连贯和足够的可能性。它应当能够自然地展示人物性格的发展——这是当今小说的主要关注点；它还要完整，这样当故事最终展开时，人们才不会对故事中的人物抱有疑问。它应当像亚里士多德的悲剧一样有开头、过程和结尾。很多人似乎没有注意

---

[1] 菲狄亚斯（Phidias，约前490—前430）：古希腊雕刻家，欧洲古典雕刻艺术高峰的代表。

[2] 即威廉·阿道夫·布格罗（William-Adolphe Bouguereau，1825—1905），十九世纪法国学院派最重要的画家之一。

到情节的主要用途：它是引导读者兴趣的线索。这对小说来说很可能是最重要的，只有对读者的兴趣加以引导，作家才能吸引他们一页接一页地读下去，并在作家的内心产生他所希望的情绪。作家常常会玩花招，但不能让读者发现。他通过操控情节来吸引读者的注意，这样他们就不会意识到自己是如何被骗的。我不是在写一篇关于小说的技术论文，没有必要列举出小说家为了达成这一目的时所使用的各种手段。不过，《理智与情感》和《情感教育》很好地展示出了引导读者兴趣是多么有用，而对其忽视又会带来怎样的坏处。简·奥斯汀[①]如此坚定地带领读者沿着简单的故事线索向前推进，以至于他们不会停下来想一想，其实埃莉诺是个自以为是的人，玛丽安娜是个傻瓜，三个男人则是缺乏生气的傀儡。而福楼拜以严格的客观性为目标，很少去引导读者的兴趣，因此对各种人物的命运完全漠不关心，这使得他的小说非常难以阅读。我想不出还有哪个作家会像他一样有着这么多优点，却未能留下深刻印象。

---

① 简·奥斯汀（Jane Austen, 1775—1817）：英国女小说家，上文提及的《理智与情感》（*Sense and Sensibility*）是其处女作，她的代表作品还有《傲慢与偏见》（*Prideand Prejudice*）、《爱玛》（*Emma*）等。下文提及的埃莉诺（Elinor）、玛丽安娜（Marianne）和三个男人都是《理智与情感》中的人物。

第 60 章
论批评

评论家在我二十多岁时批评我残酷，在我三十多岁时说我轻率，在我四十多岁时说我愤世嫉俗，在我五十多岁时说我可以胜任作家这份工作，而现在我六十多岁了，他们又说我肤浅。我一直在走自己的路，沿着我为自己设定好的路径，努力用作品描绘出我想要的人生图景。我认为不读评论的作家很不明智。对一个人来说，训练自己不受批评和赞扬的影响是有益的。一个人在被别人称为天才时耸耸肩当然很容易，但在被当作白痴时就很难不在意了。文学评论的历史表明当代评论家很容易犯错。作家应该在多大程度上顾及，而又该在多大程度上忽略对他的评论，这是一个很好的问题。评论家们的观点截然不同，一个作家很难从中得出关于自己优点的任何结论。在英国，人们会自然而然地轻视小说。无足轻重的政治家的自传、皇家妓女的一生都会得到认真的评论，而小说却被五六本一起扔给一个只会拿它们来取乐的批评家去评论。事实很简单，比起艺术作品，英国人对能提供信息的作品更感兴趣。因此，小说家很难从对自己作品的评论中获取对自身发展有益的内容。

在这个世纪，我们没有一个像圣伯夫、马修·阿诺德乃至布吕纳介①一样的评论家，对于英国文学界而言，这是巨大的不幸。这类批评家确实不会非常专注当前文学，从我前面提到的三位评论家来看，即使他们进行了评论，对当代作家也不会有直接的帮助。众所周知，圣伯夫渴望却从未得到文学上的成功，因而心怀嫉妒，不能公平地对待同时代的人；马修·阿诺德对同时代的法国作家的评价品位太差，我们没有理由认为他在评价英国作家时会表现得更好。而布吕纳介则不够宽容，他用严格的规定来衡量作家，当他不认同作家持有的目标时，就看不到对方的优点，个性的力量给了他天赋未能给予的影响力。尽管如此，作家还是会从对文学认真关注的评论家那里获益，即使他们不喜欢评论家，也会因为受到敌对情绪的影响而对自己的目标有了更明确的定义。评论家可以让他们振奋并更

---

① 即费迪南·布吕纳介（Ferdinand Brunetière，1849—1906），法国文学批评家、作家、历史学家。

有意识地去努力，同时也能为他们做出榜样，驱使他们更加严肃地对待自己的艺术。

据说柏拉图曾试图在一段对话中表明批评是不可能做到的事，但事实上他只是表明了采用苏格拉底的方法可能导致的夸大其词。显然，有一种批评是无益的，那就是批评家为了弥补自己少年时所受到的羞辱而做出的评论。评论使批评家获得了恢复自尊的机会。因为在学校时不能适应那个狭窄世界的规则，他遭到了毒打，长大后轮到他对别人进行毒打，以安抚自己受伤的感情。他的兴趣在于对他评价的作品做出反应，而不在于作品对他的回应。

现在比以往更需要一位权威的评论家，因为现在的艺术杂乱无章。我们看到作曲家在讲故事，画家在思考哲学，而小说家在传道。我们还看到诗人没有耐心研究诗歌的和谐，却试图让诗句符合散文的节奏，而散文作家则在努力使散文具有诗歌的韵律。现在急需有人对这几类艺术的特点再次做出定义，并向那些误入歧途的人指出，他们的尝试只会使自己陷入困惑。想找到一个对所有艺术都同样有发言权的人，这种期望太高了。但有需求才会有供给，我们仍然可以抱有这样的希望：总有一天，会有一个批评家登上圣伯夫和马修·阿诺德曾坐过的宝座，他会大有所为。

最近我读了几本呼吁成立准确批评科学的书，

但它们没有说服我此事可为。在我看来，批评是个人化的，但如果批评家性格很好，那也没什么可反对的。对于批评家来说，认为自己的行为具有创造性是危险的。他的责任是引导、赞扬并指明创造的新途径，如果他认为自己具有创造性，就会更加专注创造这种最具有吸引力的人类活动，而不去履行自己真正的职责。也许对他来说，写一部戏、一本小说和几首诗是可取的，因为他无法通过其他方法掌握文学技巧。但除非他意识到创造不是他的事，否则他不会成为一个伟大的评论家。现在的评论之所以没有价值，其中的一个原因就是评论成了创作作家的副业。他们应当认为自己做的事情是最值得做的事情，这才正常。伟大的评论家应当具有和自己的知识一样丰富的同情心，这种同情心不是建立在人们在忍耐自己不关心的事物时像普通人一样表现出的无动于衷，而应该建立在对作品多样性的主动欣赏之上。他必须既是心理学家，也是生理学家，因为他必须懂得文学的基本要素是如何与人们的思想和身体进行连接的。他还必须是位哲学家，因为他会从哲学中学到平静、公正，懂得人世的短暂。他不能只熟知自己祖国的文学。以过去的文学作品为标准，在对其他国家的当代文学用心研究之后，他会清楚地看到文学在发展过程中的趋势，因而能够对自己国人的文学做出有益的指导。他必须依靠传统，因为传统是对一国文学所必然具有的特质的表达，同时他也要尽可能地推动传统朝着自然的方向前进。传统是他的向导，而非看守。他必须耐心、坚定，充满热情。他读的每本书都应当是一次扣人心弦的新冒险，他凭借自己渊博的知识和人格的力量对其进行评判。事实上，伟大的评论家一定是一个伟大的人。他必须足够伟大，可以带着愉快的无奈承认他的工作尽管非常重要，却只有短暂的价值。因为他的价值就在于满足同一代人的需求，并向他们指明出路。新一代的出现会伴随着新的需求，会有一条新的道路展现在他们面前。届时，评论家将无话可说，他和自己的所有评论都将被扔进垃圾堆中。

假如他视文学为人类最重要的追求之一，那么为了这样的目的度过一生，对他来说也是值得的。

第 61 章
艺术家的多重人格

　　这是作家们一直以来的主张，除此以外，他们还声称自己和其他人不一样，因此不会服从别人的规则。其他人对此不是公开地谴责，就是嘲笑和轻蔑，作家的特质决定了他会遇到以上哪种情况。有时，他们会故意做出古怪的行为，以炫耀自己与那些总是被他们称为芸芸众生的人不同，为了"让中产阶级震惊"而吹嘘泰奥菲尔①的红背心，或者像热拉尔·德·涅瓦尔②一样用粉色缎带牵着龙虾在街头

---

① 即泰奥菲尔·戈蒂耶（Théophile Gautier，1811—1873），法国唯美主义诗人、小说家和文学评论家，曾披着长发，穿着红背心，支持雨果的剧目《欧耶尼》的演出。

② 热拉尔·德·涅瓦尔（Gérard de Nerval，1808—1855）：法国浪漫主义诗人、散文家，被称为象征主义和超现实主义的先驱。据说他有一只宠物龙虾，他曾牵着它在卢森堡公园散步。

溜达。有时，他们也会带着讽刺的快感假装自己和其他人一样，和勃朗宁①一样，尽管内心是个诗人，外表却打扮得像个富有的银行家。也许我们所有人都是一组自相矛盾的自我集合体，而作家、艺术家则对此有着深刻意识。其他人的生活使他们的某一面非常突出，因此也许除了在潜意识深处，这一面将成为这个人的全部。然而，画家、作家和圣人总在自己身上寻找新的一面，他们厌倦重复自己，试图不让自己变得片面，尽管实际上他们可能并没有意识到这一点。他们永远不会成为一个合乎逻辑、自洽的人。

其他人在发现艺术家的生活和作品之间的差别时，经常会感到愤慨。他们无法将贝多芬的理想主义和精神上的卑鄙、瓦格纳②天堂般的狂喜和他的自私与虚伪，以及塞万提斯在道德上的不正直与他的温柔大度统一起来。有时，他们会因为义愤填膺而试图说服自己这些艺术家的作品不可能具有他

---

① 即罗伯特·勃朗宁（Robert Browning, 1812—1889），英国诗人、剧作家，主要作品有《戏剧抒情诗》（*Dramatic Lyrics*）、《环与书》（*The Ring and the Book*）等。

② 即理查德·瓦格纳（Richard Wagner, 1813—1883），德国浪漫主义作曲家，在欧洲音乐史上占有重要地位。他的代表作有《尼伯龙根的指环》（*Der Ring des Nibelungen*）、《特里斯坦与伊索尔德》（*Tristan und Isolde*）等。

们所认为的价值。当得知伟大而纯洁的诗人在身后留下了大量淫秽的诗句时，他们吓坏了，深感不安，认为整件事是场骗局。"这些人是多么厚颜无耻！"他们说道。但问题是作家并非一个人，而是由很多自我组成，因此他才能够创作出众多人物，而且衡量作家伟大程度的标准就在于组成他的这些自我的数量有多少。如果作家塑造的人物没有可信度，那是因为在他身上没有这个人的身影，他只能借助观察，因此他只是描述了这个人物，而不是创造。作家不是去感觉，而是去感受。他具有的并非是同情心，毕竟同情总会引得人多愁善感，而是心理学家所说的移情能力。莎士比亚在这方面的能力非常高，这使他成为最有活力且最不多愁善感的作家。我认为歌德是第一个意识到自己有多重性格的作家，并且终其一生为此烦恼不已。他总拿身为作家的自己和作为人的自己进行比较，无法使两者协调。艺术家的目的和其他人的不一样，他们的目的是创造，而其他人的目的则是做出正确的行为。因此在某种程度上，艺术家对生活的态度是其特有的。心理学家认为，形象对于普通人来说没有感觉生动。它在提供关于感官对象的信息时，效果会有所减弱，在感官世界中，它是行动的指南。白日梦可以满足一个人的情感需求，实现他在现实世界中受挫的欲望。但这些都是现实生活的浅影，而且在他内心深处意识到感官世界的需求有别的正当性。但对作家来说，情况却并非如此。充斥在他脑海中的各种形象和自由的想法不是行动的指引，而是用于行动的材料，它们完全具备了生动的感觉。作家的白日梦对他来说是如此重要，以至于他的感官世界变得模糊，他必须竭尽全力才能接触到。他的空中楼阁不是没有基础的物质，而是他所居住的真实城堡。

艺术家的自负到了惊人的程度，他必须如此。他是天生的唯我论者，世界是为了让他发挥创造力而存在的。他仅有部分自我参与到了生活之中，他永远不会全身心地去体会人类的共同情感，因为无论情况多么迫切，他都会既是行动者，也是观察者，这常常使他显得冷酷无情。头脑精明的女性提防他，被他吸引，但又本能地感觉到自己永远不可能完全支配他，而这正是她们所向往的，她们知道他一定会逃脱。难道不是大情圣歌德亲自告诉我们，他是如何在爱人的怀里创作诗歌，又如何用会唱歌的手指在她匀称的背上敲击出六步格的诗律的吗？与艺术家一起生活让人不适，他的创作情感非常真挚，但他内心的另一个自我又会对自己的激情表现出不屑。艺术家并不可靠。

上天在赐予他们天分时，从不会忘了再给他们加上缺点，作家的这种多样性使他们能够像神一样创造人类，但也使他们无法在自己的创作中达到完全的真实。现实主义是相对的。最现实的作家也会在兴趣的指引下篡改人物。他通过自己的眼睛去观察他们，让这些人物比现实中更有自我意识，更爱反思，也更复杂。他让自己置身他们当中，努力把他们变成普通人，但从未成功，因为他所具有的能够成为作家的独特的才能，使他无法确切知道普通人是什么样子的。他得到的不是真实，只是自己人格的转换。他的天赋越高，个性就越强大，他描绘的生活图案就越不切实际。有时我觉得，如果后人想知道世界今天的样子，就不该找其个人特质给我们这些同时代的人留下深刻印象的作家，而是去找那些平庸的作家，因为自身的平凡，他们能够更真实地描述自己周围的环境。我不会提到他们的名字，因为即使以后可能得到人们的欣赏，也没有人愿意被贴上"平庸"的标签。不过有一点我们可以承认，那就是比起查尔斯·狄更斯，安东尼·特罗洛普的小说能够提供更为真实的生活景象。

第 62 章
人各有职

有时候，作家要扪心自问，他写的东西除了对自己以外，对别人还有什么价值。也许现在这个问题变得很迫切，因为至少对于身处其中的我们来说，世界正处于以往所不常见的动乱和悲惨状态中。对于我而言，这个问题有特殊的重要性，因为我从未只想当一名作家，我希望自己的生活是完整的。我不安地感到参与公益事业是我的责任，哪怕所尽之力非常微薄。我本性喜欢置身各种公共活动之外，我甚至极不情愿在一些为了短暂利益而成立的委员会服务。我认为即使用一生来学好写作也不够，所以我不愿意把自己的时间用在其他事情上，因为我非常需要时间来实现心中的目标。我从未能在私下里说服自己其他事情也很重要。然而，当上百万人在饥饿线上挣扎，当地球上大部分地区的自由正在消亡，当一场持续数年的可怕战争使得幸福对于大多数人来说变得遥不可及，当人们看不到生命的价值，而曾经支撑人类历经这么多世纪的希望也似乎正在变得渺茫时，一个人很难不问问自己，写故事和小说是否毫无用处。我唯一能想到的答案就是我们中的有些人生来就是要写作的，除此以外，他们什么也做不了。我们不是因为想去写作才写的，而是因为必须写。也许世界上还有其他更为紧迫的事情要做，但我们必须将自己的灵魂从创作的负担中解救出来。即使罗马城起了火，我们也必须继续前进。也许有人会因为我们没有帮忙拎一桶水而鄙视我们，但我们帮不上忙，我们不知道该怎样拎着水桶前去帮忙。而且，大火使我们激动不已，脑海中充满了各种名言警句。

不过，有时作家也会参政。这会对他们的作家身份产生损害性的影响。我注意到他们的建议对公共事务的处理并没有太大影响。我能想起的唯一例外是迪斯雷利①，但在他的例子当中，写作本身并不是目的，而是他取得政治进步的手段，这样说并非有失公允。今天，我们生活在一个专业化的时代，我认为，总体而言，人应当恪守天职。

---

① 即本杰明·迪斯雷利（Benjamin Disraeli，1804—1881），英国小说家、政治家，曾两度出任英国首相。

我听说德莱顿是通过研究蒂洛森①而学习写作的，我读过他写的一些段落，其中的一段话在这件事上给了我一些慰藉。那段话是这样写的："当那些适合政治并被政府征召的人愿意承担责任时，我们应当感到高兴。是的，因为他们愿意尽力并很有耐心地公开执政和生活，我们还要对他们致以深深的谢意。因此有些人生来就是为了从事这样的事情，而习性也使得这类事情对他们来说变得容易，或者至少可以忍受。这对世界来说是一件幸事……人们过着更加虔诚、隐居和更富于沉思的生活，由此带来的好处是他们不会被很多事物分散精力，可以将思想和情感都集中在一件事情上，他们感情的流动和力量都朝着同一个方向。他们将自己的思想和努力集中在一个伟大的目标与计划之上，这让他们的生活变得完整，并能够始终自我统一。"

---

① 即约翰·蒂洛森（John Tillotson，1630—1694），代表宗教自由主义思想的坎特伯雷的第一任大主教，他的布道风格朴素、机智。

第 63 章
与哲学结缘

在开始写这本书时，我就曾告诉过读者，也许我唯一可以确定的事情就是我对任何事情都不确定。我正在努力整理自己对各种主题的看法，并不要求任何人同意我的观点。在修订自己写好的东西时，我想我删掉了很多，尽管这些地方都是我自然而然写出来的，但很乏味。不过也可以这样理解，它们使我的每一句陈述都变得适宜。现在到了本书的最后部分，我比以往任何时候都急于重申一点：我写的都是我的个人看法。也许它们很肤浅，有的地方也可能自相矛盾。建立在各种偶然的经验之上并具有特定个性的思想、感情和欲望，由其产生的推测在逻辑上是达不到欧几里得①命题那种精确程度

---

① 欧几里得（Euclid，约前330—前275）：古希腊数学家，被称为"几何之父"，他的著作《几何原本》（Elements）是欧洲数学的基础。

的。在写戏剧和小说时，我写的是我在实践中了解到的东西。但现在在处理哲学家所研究的问题时，我并没有比任何一个生活过得忙碌而丰富多彩的人具备更多的专业知识。生活也是一门哲学，但它就像一所现代幼儿园，孩子们不受约束，只研究自己感兴趣的事物。他们的注意力似乎都集中在了对他们有意义，而不是与他们没有直接关系的事物上。人们在心理实验室训练老鼠穿过迷宫找到出路，它们很快就可以通过反复尝试而找到通往食物的路径。对于眼下正在研究的问题而言，我就像那些老鼠，仓皇地奔跑在这个复杂迷宫的小径上，不知道是否会有一个中心，在那里，我能找到想要的东西。据我所知，所有小径都是死路。

我是被库诺·费舍①引入哲学之门的，我在海德堡的时候听过他的讲座，他在那里享有很高的声誉。那个冬天，他做了一系列关于叔本华的讲演，现场挤满了人，人们不得不为了一个好位子而去排队。费舍矮小利落，略有些胖，衣着整洁，有着圆圆的脑袋和红色的脸庞，一头白发梳成平头。他的小眼睛明亮而犀利，滑稽的扁鼻子看上去像遭到了重击。你很有可能把他当成一位老拳击手，而非哲学家。他诙谐风趣，事实上他写过一本关于机智的

---

① 库诺·费舍（Kuno Fischer, 1824—1907）：德国哲学家、评论家，著作有《近代哲学史》（*Geschichte der neuern Philosophie*）。

书，我曾经读过，但内容已经忘记。他开玩笑的时候，在场的学生会不时地发出一阵大笑。他的声音铿锵有力，生动的演讲令人印象深刻，他是一个能打动人心的演讲家。当时我太年轻，也很无知，不是很理解他所说的内容，但对叔本华古怪而独特的性格还是有了一个清晰的了解，他的哲学体系中的戏剧价值和浪漫本质使我产生了困惑。过了这么多年后，我不太想发表任何看法，不过我认为库诺·费舍把叔本华的作品当作了艺术品，而不是对形而上学的重大贡献。

自那时起，我便读了大量的哲学书，我发现它们是很好的读物。实际上，这些书中涉及了各种宏大的课题，对于视读书为需要和乐趣的人提供了最多样、最丰富和最令人满意的阅读材料。古希腊让人兴奋，但就这点而言，其内容有限。总有一天，你会读完它仅存的一点文学作品和与之相关的重要著作。意大利文艺复兴也令人着迷，但题材相对狭窄，影响这场运动的思想也很少，那些艺术作品也早已失去了创造价值，令人厌倦，留给你的只有优雅、迷人和对称美（而你已经见够了这些优点）。那时的人也让人厌倦，他们的多才多艺落入了过于统一的模式。文艺复兴的书可以一直让人读下去，但没等读完，你就会失去兴趣。法国大革命是另一个能够引起人们注意的题材，它的优点在于它具有实际意义。从时间来看，法国大革命离我们很近，所以我们很容易将自己融入推动这场革命的人当中。他们几乎是我们同时代的人，这些人的所作所为和想法影响了我们今天的生活，在某种程度上，我们都是法国大革命的后代。这场革命的材料很丰富，有关的文件也不计其数，总有说不完的话题。你总能读到一些新鲜有趣的事情，但这还不够。由大革命直接产生的艺术和文学不值一提，因而你不得不去研究发动这场革命的人，而当你越来越多的读到关于他们的书时，你就越对他们卑鄙和粗俗的行为感到沮丧。很可惜在这一世界历史上最伟大的戏剧性事件中，这些演员不能胜任自己的角色。最终，你会带着些许厌恶远离这个主题。

然而，形而上学永远不会让你失望，你永远无法穷其尽头，它像人的灵魂一样丰富多彩。它之所以伟大，是因为它处理的几乎是全部的知识。它探讨宇宙、上帝和永生，人类理性的特质与生命的终点和目的，以及人的力量和局限。当它回答不了某个人在穿越这个黑暗而神秘世界的旅程中感到困扰的问题时，它就会劝他带着愉快的心情忍受这种迷茫。它教导人们要逆来顺受，要有勇气，它呼唤智慧和想象。我认为它为门外汉提供的遐想素材要比提供给专业人士的多很多，而这种遐想在人们打发空闲时最令人愉悦。

自从受到库诺·费舍演讲的启发，开始读叔本华的书之后，我几乎把所有伟大的古典哲学家的重要作品都读了。尽管不明白的地方有很多，明白的地方可能没有自己认为的那么多，但在阅读的过程中，我还是怀着浓厚的兴趣。只有一位哲学家总是让我感到厌烦，那就是黑格尔。这无疑是我自己的问题，他对十九世纪哲学思想的影响足以证明他的重要性。我发现他的作品非常冗长，我无法让自己适应他这种在我看来是为了证明他想证明的东西时所要的花招。也许是因为叔本华总是轻蔑地提到黑格尔，使我对他有了偏见。但对自柏拉图以来的其他哲学家，我都心悦诚服，并且带着旅行者进入陌生国家冒险时才有的乐趣。我没有带着挑剔的眼光看他们的书，而是像读小说一样，为了从中获得兴奋和喜悦（请各位读者原谅，我早已说过我读小说不是为了学习，而是为了获得乐趣）。作为一个有性格的学生，我从这些不同的作家为我的研究所提供的自我启示中获得了巨大乐趣。我看到了哲学背后的人，一些人身上的高贵之处使我得到了升华，而另外一些人身上的怪异之处又令我感到有趣。当我眼花缭乱地跟随柏拉图从一种孤独飞往另一种孤独时，我感受到了一种美妙的兴奋。尽管我知道笛卡尔根据他自己的有效前提得出了荒谬的结论，但他清晰的表达还是让我着迷。看他的书就像在一个清澈见底的湖中游泳，晶莹的湖水令人耳目一新。我把第一次读斯宾诺莎看作人生中的一次重要经历。它让我的内心充满了在见到伟大山脉时才会产生的庄严和狂喜的力量。

在谈到英国哲学家时，我可能带有一点偏见，因为在德国时我有了一种印象：可能除了休谟以外，其他英国哲学家都是无关紧要的，而休谟之所以重要，也仅仅是因为康德曾经推翻过他的观点。我发现除了哲学家以外，他们还是杰出的作家。他们可能不是非常伟大的思想家，这一点我无法做出判断，但他们肯定都是求知欲很强的人。我想，在读霍布斯①的《利维坦》时，很少有人不被约翰·布利斯粗鲁、率真的性格所吸引，而在读贝克莱的《三次对话》时，肯定没有人不折服那位令人愉快的主教的魅力之下。尽管康德可能确实彻底驳倒了休谟的理论，但我认为要想写出更优雅、谦恭和清晰的哲学是不可能的。包括洛克②在内的英国哲学家都是用英语写作的，而在这一点上，学习体裁的学生的表现比他们的学习情况更差。在开始写小说之

① 即托马斯·霍布斯（Thomas Hobbes，1588—1679），英国政治家、唯物主义哲学家，创立了机械唯物主义的完整体系，下文提到的《利维坦》（Leviathan）是其代表作之一。
② 即约翰·洛克（John Locke，1632—1704），英国唯物主义哲学家，被认为是英国最早的经验主义者之一。

前，我会一遍又一遍地读《老实人》①这本书，这样我就可以在脑海中树立起清醒、优雅和富有智慧的标杆。我想，如果今天的英国哲学家在开始研究前先去阅读休谟的《人类理解研究》的话是不会有什么坏处的，因为他们写得并不总是很出色。也许他们的思想比他们的先辈更为微妙，以至于他们不得不使用自己创造的术语词汇，而这是一种危险的做法。当他们在处理所有善于思考的人都迫切关心的问题时，我们只能为他们不能把自己的意思表达清楚让所有读者都明白而感到遗憾。据说，在如今所有研究哲学思想的人当中，怀特黑德②教授拥有最为聪敏的头脑，而在我看来，他没有努力将自己的想法表达清楚是非常遗憾的。斯宾诺莎有一个很好的准则，即说明事物性质的词语在习惯上的意义不应与作家想要赋予它们的意思完全相反。

① 《老实人》（*Candide*）：伏尔泰著名的短篇小说，是其哲理性讽刺小说的代表作。
② 即阿尔弗雷德·诺思·怀特黑德（Alfred North Whitehead，1861—1947），英国数学家、哲学家，创立了"过程哲学"，与罗素合著了《数学原理》（*Principia Mathematica*），成为逻辑研究的里程碑，其代表作还有《过程与实在》（*Process and Reality*）等。

第64章
构建属于你的哲学

　　哲学家没有理由不是文人。但要写出好的作品靠的不是直觉，写作是一门需要努力学习的艺术。哲学家的话不仅是说给其他哲学家和攻读学位的本科生听的，也是说给文人、政客，以及那些会直接影响下一代的善于思考的人听的。他们会被引人注目且不难理解的哲学所吸引，这是很自然的事情。我们都知道尼采的哲学在世界的某些地方产生了怎样的影响，没有人不认为这种影响是灾难性的。尼采的哲学之所以盛行，不是因为它可能具有的非常深刻的思想，而是因为它具有鲜明的风格和非常有效的形式。哲学家不愿费心地将自己表达清楚，这只能说明他的思想仅仅具有学术价值。

　　不过，我发现有时候甚至专业的哲学家也不能互相理解，这对我来说是一种安慰。布拉德莱①多次承认自己听不懂与自己辩论的人的意思，而怀特黑德教授也在某处说过布拉德莱说的某些内容让他不能理解。既然最著名的哲学家都不能总是理解彼此，那如果外行人经常不能理解他们，也完全可以听之任之了。当然，形而上学的确很难，这是人们必须有的心理准备。研究哲学的外行人就像在没有撑杆保持平衡的情况下走钢丝，只要能想办法走到安全地带，就谢天谢地了。这个过程令人兴奋，值得人们冒着摔下去的风险大胆一试。

我发现不时会有人声称哲学是高等数学家的领域，这令我非常不安。如果知识的确是按照进化论所说，是在生存竞争中由于实际原因发展起来的，那对于人类的普遍福祉极其重要的知识的总和只能交由天赋异禀的一小部分人，对此我似乎很难相信。要不是我有幸偶然发现布拉德莱曾经承认自己对这门深奥的学科知之甚少（而他还是一个相当优秀的哲学家），我可能早就被挡在了门外，无法朝着这个方向进行愉快的研究了，因为我完全没有数学头脑。众所周知，人的味觉各不相同，但如果没有味觉，人类就会灭亡。而按照上面的理论，一个

---

① 即弗朗西斯·布拉德莱（Francis Herbert Bradley，1846—1924），英国唯心主义哲学家，新黑格尔主义的代表者之一，代表作有《表象与现实》（*Appearance and Reality*）、《逻辑原理》（*The Principles of Logic*）等。

人似乎不太可能对宇宙和人类在其中的位置、邪恶的奥秘和现实的意义持有合理的理论，除非他是一个数学物理学家，就像一个人不能享用美酒，除非他曾经训练自己的感官，能够毫无差错地指出二十种不同红酒的生产年份。

哲学并非一门只与哲学家和数学家有关的学科，它关系我们所有人。诚然，对于哲学涉及的问题，我们中的大多数人接受的是二手的看法，而且大部分人根本不知道自己有什么哲学理论。然而，即使是最没有思想的人身上也蕴含着哲学。第一个说"牛奶洒都洒了，哭鼻子根本没用"的老太太也算是一位哲学家。除了遗憾没用以外，她还有其他意思吗？她的话含有一套完整的哲学体系。宿命论者认为一个人在人生中迈出的每一步都受到他当时状态的推动，这个"他"不仅指他的肌肉、神经、内脏和头脑，还包括他的习惯、观点和思想。不管你是否能够意识到它们，也不管它们是如何互相矛盾、不合理和带有偏见，它们就在那里，影响着你的行为和反应。即使你从未将之诉诸语言，但它们就是你的哲学。也许对于大多数人来说，不把自己的哲学系统地表达出来没有什么不好。他们有的几乎不算是思想，至少不是有意识的思想，只是一种模糊的感觉，和前不久生理学家发现的肌肉感觉一样，是一种经验，是他们吸收了自己目前所处的社会中流行的观念，然后又根据自己的经验稍作修改后产生的。他们过着有序的生活，对他们来说，这些混乱的思想和感受已经足够，它们包含了时代的智慧，因此足以满足普通生活中的普通目的。不过我曾试图厘清自己的哲学模式，从小就想查明我必须处理哪些要素。我想尽可能地获得关于宇宙总体结构的知识，想要决定是只考虑这一生还是要考虑来生。我想探明自己是不是一个自由的行为者，以及我可以根据自己的意愿塑造自己的想法是否只是一种错觉。我想知道生命是否有意义，还是我必须努力给生命一个意义。我就是这样带着散漫的目的开始读哲学书的。

第 65 章
信仰的自由

　　吸引我注意力的第一个课题是宗教。因为在我看来，确定我所在的这个世界是不是我唯一要面对的，还是我必须仅仅把它看作审判地，让我为来生做好准备，是一件非常重要的事。在写《人性的枷锁》时，我用一章的篇幅讲述主人公丧失了从小就有的信仰。那时，一位相当优秀、聪明的女士对我很感兴趣，她读了这本书的打印稿，并告诉我这一章写得有所欠缺。于是我重写了这一段内容，但我认为自己并没有做太大改进。因为这一章描述的是我自己的经历，毫无疑问，对于我得出的那些结论，我给出的理由是不够的。那是无知少年的理由，来自内心，而非头脑。父母去世后，我和当牧师的叔叔住到了一起，他五十多岁，膝下无子，对他来说，要负责一个硬塞给他的小男孩肯定是一个大麻烦。他早晚都要宣读祷文，礼拜日我们还要去两次教堂。礼拜日很忙碌，叔叔总说自己是他所在教区里唯一一每周要工作七天的人。但事实上，他懒惰得令人难以置信，他把教区的工作都交给了助理牧师和堂会理事。我非常容易受人影响，很快就变得非常虔诚。无论是在叔叔的住处还是之后去了学校，我对别人教给我的东西不加怀疑，照单全收。

有一点立刻影响了我。到学校没多久，我就从自己受到的嘲笑和羞辱中发现，口吃对我来说是多么不幸。我曾经在《圣经》中读到过"信心可以移山"这句话，叔叔也郑重地告诉我这绝不是夸张。于是有一次在回学校的前一天晚上，我非常虔诚地向上帝祷告，祈求他拿走我的口吃。我非常有信心，去睡觉的时候，我非常肯定第二天早上醒来的时候，我就可以像其他人一样说话了。我想象着其他男生发现我不再口吃时惊讶的表情（当时我还在一所预备学校）。我醒来的时候满心欢喜，但当我发现口吃一如既往的严重时，我受到了真实而可怕的打击。

我长大后去了国王学院。那里的老师都是教士、愚蠢易怒。他们对我的口吃很不耐烦，在彻底忽略我之前（我情愿被他们忽略），他们会欺负我。在他们看来，口吃似乎是我的错。现在我发现叔叔是个自私的人，只关心自己是否舒适。有时附近教区的牧师会来到他的住处。其中有一个牧师因为让奶牛挨饿而被郡法院处以罚金，而另一个则因为被判醉酒而不得不辞去教职。我被教导生活在上帝面前，我们的主要任务就是救赎自己的灵魂。但我发现这些牧师中没有一个人按他们宣讲的内容去做。尽管我的信仰很狂热，但无论在家还是在学校，对于被迫去教堂这件事我都非常厌烦，而去德国使我迎来了不去教堂的自由。不过，有两三次，我出于好奇去参加了海德堡耶稣会教堂的大弥撒。尽管叔叔对天主教徒有一种天生的同情（他是一位高派教会的教徒，在教宗选举期间，他们会在花园的围墙上刷上"此路通往罗马"的字样），但他毫不怀疑他们会在地狱里受煎熬，毫无保留地相信永远的惩罚。他痛恨教区里的异教徒，并且认为国家对他们的容忍是一件可怕的事情。而让他感到安慰的是这些异教徒将被永久地罚入地狱。天堂是留给英国圣公会教徒的。我把自己能在这个宗教团体中长大看作上帝的巨大仁慈，这同生而为英国人一样美好。

但当我到了德国后，我发现就像我为自己是英国人感到骄傲一样，德国人也为身为德国人而骄傲。他们说英国人不懂得音乐，只有他们德国人才能欣赏莎士比亚。他们谈起英国，仿佛那是一个到处都是商店老板的国家，而在他们的印象中，他们的国家拥有不凡的艺术家、科学家和哲学家，在这方面，他们有着极大优势，这让我感到震惊。而且在海德保的耶稣会教堂，我没法不注意到挤满教堂的学生看上去非常虔诚。事实上，他们看上去对自己的宗教就像我对自己的宗教一样虔诚。这在我看来很奇怪，因为我认为他们的宗教是假的，我的宗教才是真的。我认为我天生并没有强烈的宗教感情，否则以我年轻时的偏执，我一定会对我所遇到的各种神职人员所表现出的言行不一感到震惊，因而可能早就开始有所怀疑。此外，我很难想到当时一个小小的简单想法竟会对我产生如此重要的影响。当时，我突然想到我有可能出生在德国南部，这样我自然就会作为天主教徒长大。这并不是我自己的错，却注定要为此承受永远的折磨，我感到这太残酷了。我天真的本性对这种不公正感到愤慨。我很容易有了接下来的想法，我得出结论，一个人的信仰根本无关紧要，上帝不能仅仅因为人们是西班牙人或者霍屯督人①，就宣告他们有罪。我本可能止步于此，如果我没有那么无知的话，也可能会接受某种形式流行于十八世纪的自然神论。但是点点滴滴灌输给我的信仰都凝聚在了一起，当其中的一

---

① 霍屯督人（The Hottentot）：非洲西南部的本土人，自称科伊科伊人，意为"人中人"或"真正的人"，主要分布在纳米比亚、博茨瓦纳和南非。

部分看起来让人无法容忍时，其他部分也变得同样让人厌恶。这可怕的整个结构不是建立在对上帝的爱，而是建立在对地狱的恐惧之上，它像纸牌堆成的房子一样坍塌了。

不管怎样，我的内心不再信仰上帝。我感到了新的自由所带来的兴奋。但信仰不仅植根我们的心中，在我灵魂的深处仍然有着对地狱之火的恐惧，我的喜悦也长久地被世代相传的忧惧所冲淡。我不再信仰上帝，但骨子里却仍然相信有魔鬼。

第 66 章
什么是好的哲学

在成为一名医学生后，我进入了一个新的世界，我试图消除这种恐惧。我读了大量的书，它们告诉我人是服从机械规律的机器，当这台机器停止运作，人也就走到了尽头。在医院看到有人死去，我感到非常震惊，从此便相信了书里教给我的东西。我相信宗教和上帝的概念是人类为了便于生存而构造出来的，代表的是曾经对我们这个物种生存有价值的东西，不过我认为现在依然如是。对此我感到满意，但我们应该从历史的角度对其进行解读，而且不应将其与任何真实的事物相对应。我自称不可知论者，但在血液和骨子里，我认为理智的人应当拒绝上帝存在的假说。

可是如果没有能将我交于永恒地狱之火的上帝，灵魂也就无处安放，如果我是机械力的玩物，生存的竞争才是推动力，那么我看不出受教从善又有什么意义。我开始读伦理学，认真地啃了许多令人生畏的大部头。我得出结论：人活着只为了追求自己的快乐，即使他为了其他人而牺牲自己，那也只有幻想才会使他相信自己追求的不是自我满足。既然未来并不确定，那么把握当下的每一份快乐就只不过是符合情理罢了。我认为对和错只是一些字眼而已，行为准则不过是人们为了自私的目的而建立的。除非是为了方便自己，否则自由人没有理由要遵守这些准则。于是，我用警句式的措辞表达了我的信念。在当时，警句是种时尚，我对自己说："要随心所欲，也要适当留意拐角处的警察。"到了二十四岁时，我建立起了一套完整的哲学体系。它建立在两个原则之上：事物的相对性和人的迂回性。从那时起，我就知道，第一个原则并不是一个非常独到的发现。也许第二个原则很深奥，可即使绞尽脑汁，我这辈子也想不起来它到底有什么含义。

有一次，我读到了一个我很喜欢的小故事，这个故事收录在阿纳托尔·法朗士的《文学生活》中。我已经有很多年没读过了，但它一直在我的记忆中。一位东方的年轻国王登上了王位，他渴望公正地统治国家，便请来了国内的智者，命令他们将世界上的智慧收集成册，这样他就可以阅读并从中学会为人处事的最佳方法了。智者们出发了，三十年后，他们带领一队骆驼，满载着五千本大部头著作回来了。他们告诉国王，这些书里收集了他们所学到的关于人类历史和命运的一切内容。但国王忙于国事，读不了这么多书，于是便吩咐智者将这些知识浓缩，减少书的数量。十五年后，他们回来了，这回骆驼仅驮回五百本书。他们告诉国王，在这些书中他可以发现世界上所有的智慧。但书还是太多了，国王又把他们打发走了。又过去十年，他们只带回了不超过五十本书。但国王已经老了，也没有精力了，即使这些书不多，他也来不及读了。他再次要求智者将书的数量缩减到一册，给他一个人类知识的梗概，可以让他最终了解对他来说如此重要的东西。智者们离开了，在再次工作五年后，他们回到了王国。当他们最后一次将自己的劳动成果交到国王手上时，他们已垂垂老矣，国王也不久于人世，哪怕他们带给他的只有一本书，他也没有时间去读了。

我要找的就是这样一本书，它可以一次性解答困扰我的问题，这样一来，所有事情都得到了解决，我可以毫无障碍地去致力于我的人生图景了。我不断阅读。我从经典哲学家转向了现代哲学家，也许我会在他们中间找到我想要的东西。但我从中没有发现太多我能够同意的观点。我发现自己认可他们作品中批判的部分，但说到建设性部分，尽管我找不出什么毛病，却意识到我无法对它们表示认同。我的脑海中浮现出这样的感想，那就是尽管这些哲学家有学识、逻辑和派别之分，但他们信奉这样或那样的信仰不是受到理智的指引，而是性格使然。否则，我无法理解经过这么长时间，他们彼此之间怎么还能够如此大相径庭。我忘了曾经在哪儿读到过，费希特说一个人采纳的哲学类型取决于他是一个怎样的人。我忽然想到，也许我根本找不到自己要找的东西。当时我觉得，如果哲学中没有人人都能接受的宇宙真理，而只有符合个人性格的真理，那么对我来说，唯一能做的事情就是缩小搜索范围，寻找与我是同类因而其体系也适合我的哲学家。对于那些困扰我的问题，他所提供的答案肯定会满足我，因为这应该是唯一可能符合我心境的答案了。

有一段时间，实用主义者深深地吸引了我。伟大的英国大学的教师们写的形而上学的著作没有使我获得预期的益处。在我看来，他们太有绅士风度，因而不可能成为优秀的哲学家。我不禁怀疑，有时候他们会因为害怕得罪与自己有社会关系的同行，而不能坚持争论以得出合乎逻辑的结论。实用主义者很有活力，他们非常活跃。他们当中最重要的一些人写得很好，把那些我摸不着头脑的问题变得很简单。然而，尽管我很想像他们一样，认为我们应该按照实际需要来创造真相，却很难做到。在我看来，感知材料是所有知识的基础，是上天赐予的，无论它们是否符合我们的利益，我们都必须接受。因为相信上帝存在可以给我安慰，继而得出他存在的论点，这样的观点让我感到不舒服。实用主义者不再那么吸引我了。我发现柏格森的书很适合阅读，但特别难以令人信服，我在贝奈戴托·克鲁齐的书中也找不到任何符合我目的的东西。而与此同时，我发现伯特兰·罗素是一位非常合我心意的作家，他很容易理解，英语也很好。我在读他的书时总是充满了钦佩之情。

我非常愿意把他当作我的向导。他懂得人情世故，也有常识，他可以容忍人类的弱点。但后来我发现他是一个不确定方向的向导，且思绪不定。他就像一个建筑师，在你想要一栋居住的房屋时，他先是劝你用砖，然后拿出很好的理由说你应该用石头来建房，但在你同意之后，他又提出同样好的理由证明唯一能用的材料是钢筋混凝土，而与此同时，你连一个栖身之所都没有。我一直在寻找和布拉德莱的理论一样连贯和独立的哲学体系，其中的各个部分必须互相依赖，你无法改动其中的某个部分而不引起结构的整体坍塌。但伯特兰·罗素无法给我这个。

最后我得出结论，我永远都找不到我想要的

那本完整且令我满意的书，因为那只能是我的自我表达。因此，在勇气多于谨慎的情况下，我决定为自己写一本这样的书。我找来了专门用于大学生取得哲学学位的书，并费力地进行了研读。我想这样至少让我的工作有了一定基础。在我看来，在此基础之上，再加上我四十年来所获得的关于世界的知识（我是在四十岁的时候产生的这个想法），以及我准备投入数年的对哲学文学的勤奋学习，我应该有能力写出我心中的那本书了。我很清楚，除了对我自己以外，这本书可能提供的价值不过是对一个比一般的专业哲学家有着更充实的生活和更多不同经历的灵魂（没有更确切的字眼）所作的完整画像。我很了解自己并没有哲学思考的天赋。于是我打算从各处选取一些理论，它们能满足我的头脑，以及比我的头脑更为重要的直觉、感情和根深蒂固的偏见。而这些偏见跟一个人的关系如此密切，以至于无法将其与本能区分开。然后，我从中建立起一套对自己来说有效的体系，能够使我追求自己的人生。

但我读得越多，这个课题对我来说就变得越复杂，也使我更加意识到了自己的无知。让我感到特别气馁的是，我发现哲学杂志上讨论得很详尽、显然很重要的话题，对于无知的我来说却很琐碎；还有处理这些话题的方式、逻辑机制、讨论要点时的谨慎和可能遇到的反对意见，以及每个作家在初次使用时定义的术语和他们引用的权威，现在都在向我证明哲学只能由专家来处理，外行几乎没有希望理解其中的微妙。我需要二十年的时间才能为自己打算写的书做好准备，而等到完成以后，我可能会像阿纳托尔·法朗士故事中的那个国王一样行将就木，至少对我来说，我所付出的努力将不再有用。

于是我放弃了这个想法，我能用来展示的努力成果只有后来做的几本杂乱无章的笔记。我认为这些笔记，甚至包括其中的文字都没有什么独创之处。我就像一个用七拼八凑的东西努力把自己装扮起来的流浪汉，身上有仁慈的农妇给的裤子、稻草人的外套、垃圾箱外不成对的靴子，以及街上找到的一顶帽子。它们不过是一些碎片和补丁，但他穿戴起来却非常舒适。也许它们不美观，却非常适合他。当他路过一个戴着新帽子、穿着时髦蓝色外套和擦得锃亮鞋子的绅士时，认为对方看起来非常有气派，但他不知道自己穿上这一套整洁得体的服装后，还会不会像现在穿着破衣烂布一样自由自在。

第 67 章
身体与头脑

在读康德时，我发现自己不得不放弃自己在年轻时曾为之欢欣鼓舞的唯物主义和与之相伴的生理决定论。当时，我不知道各种反对康德体系的看法，我在他的哲学中得到了情感的满足。思考那不可知的"自在之物"令我兴奋，我满足人类由外表所构建的世界，这给了我一种特别的自由之感。我不喜欢康德说的那条准则：你要这样行动，如同你的行动会成为一条普通的自然法则一样。我非常确信人类的多样性，因此我认为这条准则是不合理的。对一个人来说是对的事情很可能对另一个人来说是错误的。至于我自己，我最想要的是独处，但我发现这并不是很多人想要的，如果我让他们独处，他们就会认为我刻薄、冷漠、自私。一个人在长期研究唯心主义哲学家时不可能不接触到唯我论。唯心主义总在唯我论的边缘摇摆。哲学家们总是像受惊的小鹿一样躲避唯我论，但他们的辩论却不断将他们拉回来。据我判断，他们之所以能够逃避，是因为他们没有将辩论进行到底。小说作家很难不受到唯我论的吸引。它的主张就是作家们一贯的做法。它所具有的完整性和典雅使它具有无限的吸引力。由于我不能假定这本书的每位读者都了解各类哲学体系，所以请受过哲学教育的读者原谅，允许我在此对唯我论做一个简单的介绍。唯我论者只相信自己和自己的经验。他们把世界创建成自己的行为场所，在他们创建的世界里只有他们自己与他们的思想和情感，除此以外，别无他物。所有可知的事物、经验事实都是他们头脑中的想法，没有他们的头脑，这些也就不复存在。他们不可能也没有必要假定自己以外的任何事物。对于他们来说，梦与现实合二为一。生命是一场梦，他们在其中创造出自己见到的一切事物。这个梦连贯且一致，当梦停止了，这个世界连同其中的美丽、痛苦和悲伤，以及无法想象的多样性都不再存在。这是一个完美的理论，只有一个缺点，那就是——不可信。

　　在我还雄心勃勃地想写一本关于哲学的书时，我认为必须从头开始，于是我研究起了认识论。我发现自己研究过的理论都无法令人信服。在我看来，也许没有能力判断这些理论价值的普通人（哲学家蔑视的对象，只有当他们的观点和哲学家的一致时，才被认为很有价值）有权选择最符合他们偏见的理论。有一个理论认为，除了某些被人们称为既定的基础数据，以及他们得出的其他思想存在的结论以外，人类什么都不能确定。在我看来，如果一个人不愿意放下自己的判断，那么这种理论还是有很大合理性的。人类的其余知识都是假想，是头脑的产物，是他们为了生活之便而设计的成果。人类在进化过程中必须适应不断变化的环境，他们将零散收集到的、符合自己目的的碎片拼凑出一幅图画，这就是他们所知的现象世界。现实作为现象世界的起因，只是他们提出的假设。他们也可能选择其他碎片，组合出其他图画。这个不同的世界与我们认为我们所知道的世界一样真实、有条理。

说服作家相信身体和头脑之间没有紧密的相互作用可不是件容易的事。在写爱玛·包法利自杀时，福楼拜正饱受砷中毒的折磨，这是每位小说家都会经历的事情中的一个极端例子。大多数作家在写作时，会间或地发冷、发烧、疼痛和恶心。反之，他们也知道，他们作品中许多最巧妙的创作都要归功于他们身体的某种病态。在认识到自己最深的情感和很多想法看似来自天堂，实则可能是由于缺乏锻炼或者肝功能不全后，他们在看待自己的精神体验时就很难不带有某种讽刺意味了。这不失为一件好事，因为这样他们就可以控制和操纵自己的感受了。至于我自己，在哲学家提供给普通人思考的各种关于物质和精神关系的理论中，最令我满意的仍然是斯宾诺莎关于实体的思维和广延都是同一实体的概念①。当然，今天称之为能量更合适。如果我没理解错的话，伯特兰·罗素在提到精神世界和物质世界的原材料，即中性物质时，曾以非常现代的方式提到了类似的观念。为了给自己制作出一幅这样的图景，我曾把精神看作流淌于物质丛林的一条河流，但河流就是丛林，丛林也是河流，它们是同位一体的。未来生物学家在实验室中创造出生命并非不可能，那时我们将对这些事情有更多的了解。

---

① 斯宾诺莎主义的唯心论的简单思想就是只有唯一的实体是真的，实体的属性是思维和广延。

第68章
论不幸

　　然而，普通人对哲学的兴趣是很实际的。他们想知道生命的价值是什么、应该如何生活，以及宇宙有什么意义。如果哲学家置身事外，拒绝给出哪怕是不确定的答案，那他们就是在推卸责任。当今普通人面临的最紧急的问题就是不幸问题。

　　令人好奇的是，哲学家在谈到不幸时常常用牙痛作为例子。他们公正地指出，一个人是感受不到另一个人的牙痛之苦的。似乎在他们受到保护、安逸的生活中，牙疼是唯一的折磨，而考虑到美国牙医技术的进步，我们差不多可以得出结论，整个问题可以很方便地被搁置一旁了。有时候我想，如果哲学家在被授予学位、将自身的智慧传授给年轻人之前，必须用一年的时间在大城市的贫民窟做社会服务，或者通过体力劳动来养活自己，那将会是一件非常不错的事情。如果他们曾经见过患脑膜炎去世的孩子，就会对某些让他们不安的问题另眼相看了。

如果问题不是这么紧迫的话，那我们在读《表象与现实》中关于不幸的章节时就很难不带讽刺意味了。这本书过于高雅，给你一种感觉，重视不幸真的是一种非常不礼貌的行为，尽管你必须承认它的存在，但大惊小怪就不像话了。任何事件中的不幸都被人们夸大其词，显然其中还有很多好的成分。布拉德莱认为总体而言世上不存在痛苦。对所有的不和谐及其所包含的所有多样性而言，"绝对"已经足够丰富。他告诉我们，就像在一台机器中一样，各个成员之间的阻力和压力都服从一个高于他们的目标，因此在一个很高的层次上，这其中可能蕴含着"绝对"，如果这是可能的，那它无疑就是真实的。不幸和罪过服从一个更为宏大的体系，并从中得以实现。它们在更高的利益中发挥作用，从这一点来说，它们在不知不觉中也是好事。简而言之，不幸是对我们感官的欺骗，仅此而已。

我曾经试图找到其他学派的哲学家对这一问题的看法，但所获无几。也许关于这个问题没有太多可说的，哲学家自然会更看重可供他们长篇大论探讨的主题。在他们说的为数不多的内容中也没有多少可以让我满意的。也许我们忍受的不幸教育了我们，让我们变得更好，但从观察到的情况来看，我们不能认为这是一条普遍的规则。也许勇气和同情心是极好的，没有危险和痛苦，它们也不会产生。但很难想象，把维多利亚十字勋章奖给冒着生命危险救出一个盲人的士兵，能给他的失明带来怎样的安慰。施舍是一种慈善，而慈善是一种美德，但这种美德能够补偿因贫穷而残疾的人所遭遇的不幸吗？不幸就在那里，它无处不在。痛苦和疾病，所爱之人的离世、贫穷、犯罪、恶行和落空的希望，种种不幸数不胜数。哲学家们对此有何解释？有的哲学家说从逻辑上说坏事是必要的，这样我们才能知道什么是好事；有的说从世界的本质来看，好与坏是对立的，在形而上学中，它们互为必要条件。那神学家们又对此做何解释？有的说这是上帝对我们的考验，有的说这是上帝为了惩罚人们的罪过。曾经我看到一个孩子死于脑膜炎，我能找到的唯一能满足我的感情和想象力的解释是灵魂轮回说。众所周知，这一学说认为生命并非始于出生，终于死亡，而是一连串不确定的生命中的一个环节，每个环节都取决于前一世的行为。善行可能让一个人升入天堂，而恶行则可能让一个人堕入地狱。所有的生命，即使是神的生命都将结束，从轮回中解脱，得以自在，安息于永恒之中。如果一个人认为自己的不幸是前一世的过失所种下的果，那他在承受自己生活中的不幸时就不会那么辛苦了，在想到来世有希望获得更大的幸福时，努力做得更好也就没那么困难了。如果一个人对自己的苦难比对别人的感受更强烈（正如哲学家所说，一个人无法体会另一个人的牙痛），那是因为别人的苦难引起了他的愤慨。一个人在面对自己的苦难时可能逆来顺受，但只有痴迷"绝对"的完美的哲学家，才会以平等的心态去看待那些别人所遭遇的、往往不应该发生的不幸。如果因果报应真的存在，那么一个人在看待苦难时，除了有坚强的意志，还可以心怀慈悲。如此一来，对苦难的厌恶是不合时宜的，痛苦的无意义也将从生命中被剥离，这正是悲观主义者没有得到回应的论点。唯一让我感到遗憾的是，这一原理和我刚刚提到的唯我论一样不可信。

第 69 章
上帝是否存在

　　关于不幸，我还没有说完。当你想到上帝是否存在，以及他如果存在，又会有些什么样的特征时，这个问题就变得迫在眉睫。和其他人一样，我在读物理学家那些引人入胜的作品时想到了这个问题。物理学家对星球之间的遥远距离和光在到达我们之前所穿越的漫长时间的思考让我感到敬畏。星云那无法想象的广袤让我震撼。如果我对自己读的内容理解正确的话，那么我应该可以这样假设：起初宇宙的引力和排斥力相互抵消，使宇宙在无尽的岁月中保持着完美的平衡状态；后来这两股力量不再均衡，宇宙失去了平衡，从而产生了天文学家所说的宇宙和我们所知的小小地球。但是，是什么产生了最初的创造行为？又是什么打乱了宇宙的平衡？我不可避免地被造物者的概念所吸引，除了无所不能的神，谁还能够创造出如此宽广、巨大的宇宙？但世间的不幸又迫使我们得出结论：神并非无所不能，也并非至善。全能的神因世间存在的种种不幸而遭到谴责，也许是自食其果，对他的赞美或崇拜似乎都很荒诞。但对上帝并非至善的看法，我们的心灵却感到反感。因此我们只能被迫接受上帝不是全能的推论，这样的上帝没有对自身的存在进行解释，对自己创造的世界的存在也没有解释。

读世界上伟大宗教的文献时，你会吃惊地发现后人从中读出了那么多文献中原本没有的意思。宗教的传授和范例创造出了一个比它们自身更加伟大的典范。我们大多数人在受到鲜花般的赞美时会感到尴尬，但奇怪的是，虔诚的信徒认为，当他们像奴隶一样赞美上帝时，他会感到高兴。在我年轻时，曾有一位年长的朋友常常请我和他一起住在乡下。他是一个虔诚的信徒，每天早晨都要对着聚集在一起的家人向上帝祷告。但他用铅笔将《公祷书》中赞美上帝的段落都划掉了，他说没有什么比当面夸赞一个人更粗俗的了，作为一个绅士，他不相信上帝会如此没有风度，竟会喜欢这些赞美。当时在我看来，他的这种行为是一种怪癖，现在我却认为由此可见，我的朋友具有很好的判断力。

人类热情、软弱、愚蠢且可怜。让他们承受像上帝的愤怒一样可怕的惩罚似乎极不恰当。原谅他人的罪过并非很难，站在他们的角度，你往往很容易发现是什么让他们做了本不应该做的事情，你会为他们找到借口。一个人因为受到伤害而采取了报复行为，这是一种天生的本能，人很难在与自身有关的事情上采取超然的态度。但稍作反思能让他从局外人的角度看待自己的处境，通过练习，他会发现，宽恕自己所受到的伤害并不比对他人受到的伤害表现出宽容更困难。但要忘记一个人对他人造成的伤害却困难得多，这确实需要一种非凡的精神力量。

每个艺术家都希望人们信任自己，但他们不会对拒绝与自己沟通的人生气。而上帝却没有这么通情达理。他如此迫切地希望人们相信他，以至于你会以为他需要人们的信仰来确认自己的存在。他许诺会奖赏那些相信他的人，而对那些不相信他的人，则威胁要处以可怕的惩罚。就我自己而言，我无法相信一个因为我不信他就对我生气的上帝，我无法相信一个宽容度还不及我的上帝，也无法相信一个既不幽默，也没有常识的上帝。普鲁塔克①很早就简明扼要地说明了这件事，他写道："我宁愿人们提到我时会说以前没有普鲁塔克，现在也没有，

① 普鲁塔克（Plutarch，约46—120）：罗马帝国时代的希腊作家、哲学家、历史学家，以《道德论集》（*Moralia*）和《传记集》（*Plutarch's Lives*）闻名后世。

也不愿意他们说普鲁塔克是一个反复无常、善变、容易生气的人，因为微不足道的挑衅就会报复，因为琐碎的事情则会恼怒。"

尽管人们将这些放在自己身上会感到遗憾的缺点赋予了上帝，但这并不能证明上帝不存在，只证明了人们接受的信仰都是通向无法穿越的丛林的死胡同，无法到达极大奥秘的中心。有人提出了证明上帝存在的论据，请读者保持耐心，容我对它们进行简单的研究。其中一个论据假定人类有关于完美上帝的概念，而既然完美包括存在，那完美的上帝也就一定存在。另一个论据则坚持认为每件事都事出有因，既然宇宙存在，那么宇宙的存在一定有一个缘故，而这个缘故就是造物主。第三个论据康德认为是最清晰、最古老且最适合人类理性的设计论证，如休谟《对话录》中的一个角色所说："自然的秩序和安排、终极原因所做的奇妙的调整、每个部位和器官的简单用途和意图，所有这些都用最清晰的语言证明了智慧的成因或者说上帝的存在。"但康德又不容置疑地表明对于这一论据可提出的支持性的内容并不比另外两个论据更多。他提出了另一个论据取而代之，简而言之，就是在以真实和自由的自我为前提的情况下，没有上帝就无法保证责任感并不是一种妄想，因此从道义上讲需要相信上帝。人们普遍认为这种想法与其说是来自康德的智慧，不如说是来自他和蔼可亲的性格。在我看来，有一个如今没什么人支持的观点比这些论据更有说服力，它被称为民意的证据。这个观点宣称，所有来自最远古的人们都以这样或那样的方式信仰上帝，很难相信这样一种与人类一起成长，被东方圣贤、希腊哲学家和伟大学者等最有智慧的人所接纳的信仰并没有根据。对很多人来说，这似乎是一种本能，而且除非有可能被满足，否则这种本能可能（我们只能说是可能，因为离肯定还相去甚远）是不存在的。经验表明，无论人们持有一种信仰多长时间，信仰的盛行都不能确保它的真实性。那么如此看来，所有这些上帝存在的论据都是无效的。但是，你也不能因为不能证明而否定他的存在。敬畏依然存在，还有人类的无助感以及人类渴望和整个宇宙达到和谐的愿望。这些才是宗教的起源，而不是对自然或祖先的信奉，也不是对魔法或者道德的崇拜。我们没有理由相信自己渴望的东西存在，但也很难说你没有权利相信自己无法证明的东西。没有理由因为你很清楚自己的信仰缺乏证据就使你不去相信。我认为如果你的本性是这样的：你在磨炼中需要安慰，还需要一种能够支持和鼓励你的爱，那么你不必要求也不需要任何证据，你的直觉已经足够。

神秘主义不需要证据，事实上它只需要内在的信念。它独立于宗教信仰之外，因为它从所有的宗教信仰中找到了养料，它极具个人化，因此可以满足每一种特质的需要。神秘主义认为我们生活的世界只是精神宇宙的一部分，并由此获得了其存在的意义。它认为支持和安慰我们的是一位现世的神。神秘主义者常常讲述他们的经历，使用的术语也非常类似，因此我看不出人们如何能否认它的真实性。事实上，我本人就曾经有过这样的经历，我只能用神秘主义者描述他们入迷状态时使用的语言对其进行叙述。当时我正坐在开罗附近一座废弃的清真寺里，突然就像依纳爵·罗耀拉坐在曼雷萨①的河边时一样入神。我对宇宙的力量和重要性产生了强烈的感觉，震惊地感到自己在和宇宙进行交流，几乎可以说我感到了上帝的存在。毫无疑问，这是一次非常普通的经历。只有从结果中可以看出其影响时，神秘主义者才会谨慎地认为这种经历具有价值。我认为这是由宗教以外的其他原因引起的。圣徒们也承认，艺术家可能有这种体验，而众所周知，爱情也会让人进入相似的状态，神秘主义者就曾使用情侣的用语来描述这种美好的幻象。我不知道这种感觉是否比一种心理学家尚未解释的状况更为神秘，就是有时候你会强烈地感受到此刻正在经

---

① 位于西班牙巴塞罗那西北的一座城市。

历的事情有种似曾相识的感受。神秘主义者的入神非常真实，但只对他们自己有影响。神秘主义者和无神论者都认为所有在智力方面的努力，其尽头有一个巨大的谜团。

面对这一谜团，同时出于对宇宙伟大的敬畏以及对哲学家和圣徒所说的不满，有时我会追溯到穆罕默德、耶稣和佛祖，追溯到希腊诸神、耶和华和巴尔，以及《奥义书》①中的梵天。这些自我创造并独立于其他一切存在的圣灵（如果可以称之为圣灵的话），生命唯一的源泉，至少有一种可以满足想象的伟大。我忙于和文字打交道已经太久，所以不能不对它们产生怀疑，看着刚刚写下的东西，我只看到它们毫无意义。宗教中最重要且唯一有用的是客观事实。唯一有用的上帝是个人的，是至高无上和善良的，他的存在就像一加一等于二那样明确。我无法揭开其神秘的面纱，我是一个不可知论者，而不可知论的实践结果就是你要像上帝不存在一样行事。

---

① 《奥义书》（*Upanisads*）：古印度的一类哲学文献的总称，用于阐述古老的吠陀奥义的著作，最早的奥义书约产生于公元前十至前五世纪。下文提到的梵天，在吠陀神话中是超自然的神，是宇宙万物的创造者。

第70章
检验你的信仰

　　信仰永生不一定非要信仰上帝，但要区分两者却很困难。即使在人类的意识（一旦与身体分离，便进入普遍意识之中）即将瓦解，生命残存之际，只有当你否认上帝之名是灵验和有价值的，才有可能拒绝用它来命名这种普遍意识。实际上，正如我们所知道的那样，这两种观念是不可分割的，以至于死后的生命总被看作上帝之手对待人类最有力的工具。这使得仁慈的上帝获得了奖赏好人的乐趣和惩罚恶人的快感。关于不朽的论据已经颇多，即便不是毫无意义，也只有当上帝的存在被首先接纳之后才会产生强大的影响力。尽管如此，我还是将它们列举了出来。其中之一建立在生命的不完整之上：我们渴望自我实现，但重大事件的巨大影响和我们自身的局限使我们感到了挫败，而来生将弥补这一切。因此，尽管歌德已经有很多成就，但他依然感到还有更多事情等待他去做。与之类似的是欲望论：如果我们设想出并且渴望永生，那难道不意味着永生存在吗？我们之所以渴望永生，只能是因为这一渴望有可能被满足。另一个论据则建立在人们认为不公平和不平等支配这个世界时所感到的愤慨、痛苦和迷惘之上。恶人像绿色的月桂树一样枝繁叶茂，正义需要在来世惩罚罪恶，回报无辜。只有在来世会得到幸福，人们才能够容忍不幸，而上帝也需要用永生来向人们证明自己的道路才是正路。有一种唯心主义的论点认为，意识不会因死亡而消散，意识的灭亡是不可想象的，因为只有意识才能够想象得到意识的灭亡，继而可以断言：价值只为思想而存在，并且指向能够完全意识到它们存在的至高无上的思想。如果上帝是爱，那么人类就是他的价值，对上帝有价值的东西居然会灭亡，这是令人无法相信的。但在这一点上，某种迟疑暴露了这一论点的问题。从日常的经验，尤其哲学家的日常经验来看，很多人并不出色。永生这个想法实在惊人，不适合将其与普通凡人联系起来。凡人太微不足道了，不值得被予以永恒的惩罚或极乐。因此人们发现有些哲学家提出，那些有可能获得精神满足的人将会获得有限的来世，直到他们有机会达到自己所能达到的完美后，才会迎来愉快的灭亡。

而那些没有这种可能性的人可以立即死亡，而这是一种恩赐。但是当我们去探究那些允许获得有限来生这一恩宠的少数被选择的人所具有的品质时，会不安地发现只有哲学家才拥有这些品质。然而，人们不禁想知道哲学家在得到应有的恩赐后会以何种方式打发时间，因为他们在世间暂住时困扰他们的问题大概已经得到了充分的解答。我们只能假设他们会向贝多芬学习弹钢琴，或者在米开朗基罗的指点下画水彩画。除非这两位伟人改变甚多，否则他们会发现两位大师脾气暴躁。

有一种方法可以很好地检验你接受信仰所依据的理由是否有效，那就是问问你自己是否会出于同等重要的理由而采取任何重要的实际行动。例如，你会在律师没有检查房契，且调查员没有测试下水道的情况下，仅凭道听途说就买下一栋房子吗？对于那些赞成永生的论据，如果你去逐个思考时会发现它们很薄弱，即使将它们放在一起也不会更令人信服。它们像日报上的房产中介广告一样具有吸引力，但对我来说，并不会比其更有说服力。就我自己而言，我看不出意识如何在其物质基础毁灭之后还能够继续存在，而且由于我对身体和思想之间的相互关联如此笃定，因此我不认为，意识离开身体而幸存下来，从任何意义上可以看作我自己幸存了下来。即使一个人可以说服自己，人类的意识可以幸存于某种普遍意识之中的说法具有一定的真实性，那也只能带来一点安慰，满足这种人可以幸存于自己所产生的精神力量之中的想法只不过是在用空话欺骗自己罢了。唯一有价值的幸存是个体的完全幸存。

第71章
我该如何存在

如果抛开上帝是否存在不谈，而来生存在的可能性又太可疑，无法对人们的行为产生任何影响，那么一个人就必须自己确定生命的意义和用途。如果死亡终止了一切，我既不希望有好事发生，也不必害怕有坏事降临，那么我就必须问问自己为什么来到这个世上，以及在这种环境中我该如何行事。针对其中一个问题的答案非常简单，却让人不快，因此大部分人不愿面对，那就是：生命没有理由，也没有意义。我们来到这里，在一颗小行星上居住一段短暂的时光，围绕着一颗小小的恒星旋转，而这颗恒星又是无数星系中的一颗。可能只有这颗行星上有生命，也可能宇宙其他地方的其他行星有机会形成适合某种物质的环境，我们认为人类就是这种物质在漫长岁月中逐渐演变而来的。如果天文学家所言非虚，那么最终这颗行星上将不再有生物存在，最后宇宙也将到达最终的平衡状态，什么都不再发生。而在此之前的亿万年前，人类早已消失。我们还会不会认为人类曾经的存在很重要？人类只是宇宙历史中的一章，和描述地球远古时期古怪巨兽生活故事的那一章一样没有意义。

那么我就必须问问自己：这一切对我有什么不同，如果我想充分利用自己的一生并尽可能从中有所收获，我又该如何应对这种环境。下面发声的不是我，而是我内心想要坚持自己存在的渴望，这种渴望存在于每个人心中，是我们从远古能量中秉承的自我主义。正是这种远古能量在未曾探究的过去开启了世界，是存在于所有生物之中并使其保持鲜活的自我主张的需要。是人类的本质在发声，斯宾诺莎告诉我们，对人类本质的满足是我们所能期望的最高的东西，他说："因为没有人会为了死亡而去努力维持自己的存在。"我们可以假设，人类的意识被点燃，从而使得人类可以应对周围的环境，在漫长的岁月中，除了被用于处理人类在实践中遇到的重大问题，意识没有更高的发展。但随着时间的推移，意识似乎超越了人类眼前的需求，随着想象力的发展，人类将自己的环境扩展到了前所未见的领域。我们知道当时他们是如何回答自己提出的问题的。人类体内燃烧的能量如此强烈，使他们对自己的重要性深信不疑。他们的自我主义包罗万象，他们无法想象人类会灭绝。对许多人来说，直到今天，这些答案也仍然令人满意。它们赋予生命意义，慰藉了人类的虚荣心。

　　大多数人很少思考。他们接受自己在这个世界的存在。他们是盲目的奴隶，只知道一味努力，这是他们的主要动力，为了满足自己的自然冲动而受到这样或那样的驱使，当这种动力衰减时，他们就像蜡烛一样熄灭了。他们的生命纯粹出于本能。也许他们的智慧更加高级，但如果你的意识已经发展到一定程度，使得某些问题对你来说变得很紧迫，而那些陈旧答案在你看来并不正确，这时你打算怎么办？迄今为止最聪明的两个人已经针对至少其中的一个问题给出了答案。当你去研究时，会发现他们的意思似乎差不多，但我对此并不是很确定。亚里士多德曾说过人类活动的目的是做出正确的行为，而歌德则说生命的秘密在于生存。我猜想歌德的意思是当一个人实现了自我，他就已经充分地利用了生命，他对一时冲动和不受控制的本能所支配的生活并不重视。自我实现将你所拥有的一切能力都发挥到了极致，使你从生活中得到所有能够得到的快乐、美好的事物、情感和兴趣，而自我实现的困难之处在于别人的要求总在限制你的活动。被这一理论的合理性所折服，却又害怕其结果的卫道士们花费了许多笔墨证明一个人只有牺牲和无私，才能彻彻底底地实现自我。这肯定不是歌德的意思，而且真相似乎也并非如此。没有人否认自我牺牲会带来非凡的喜悦。它为人们提供了活动的新领域，以及发展自我新一面的机会，就这一点来说，它对自我实现是有价值的。但如果只有在不影响其他人实现自我的情况下，你才将自我实现作为目标，那么你不会获得成功。这样的目标需要极度的无情和对自我的专注，而这就会冒犯其他人，因此这个目标就是无效的。众所周知，许多和歌德有过接触的人都会被他冷酷的利己主义激怒。

第72章
决定论

我不应当满足追随比我聪明得多的人，也许这显得很傲慢。可尽管我们彼此非常相似，但我们却不尽相同（我们的指纹就说明了这一点），我看不出为什么不能尽我所能选择自己的道路。我一直在努力描绘我的生活图景，这可以被看作具有强烈讽刺意味的自我实现，是在不利处境中的尽力而为。我在本书开头讨论这一主题时曾回避的一个问题又出现了，既然不能再逃避，那么我只好让步了。我意识到自己曾经在很多时候把自由意志视为理所当然。我说的一些话好像我有能力在心血来潮时塑造自己的意图、指导自己的行动。而我在其他地方说的话又仿佛我已经接受了决定论。如果我是在写一本哲学书，那这种犹豫不决是非常糟糕的。我不会这么装腔作势。怎么能指

313

望我这样一个门外汉解决哲学家仍在不停争论的问题呢？

看来只有将此事搁置一旁才是明智之举，但它恰好又是小说作家特别关注的一个问题。因为作家发现自己不得不向读者屈服，采用死板的决定性的写法。我在前面曾提到观众有多不情愿接受舞台上发生的心血来潮的行为。心血来潮只是在行为者没有意识到自己动机的情况下所做出的冲动行为。与之类似，直觉是你并没有意识到自己的依据却依然做出的判断。尽管冲动背后有动机，但因为观众不清楚，所以他们不能接受。观众和读者坚持要了解行为背后的原因，除非这些原因令人信服，否则他们不会承认其发生的可能性。每个角色的行为都必须符合其性格，这就意味着他们必须按照人们的预期行事，而这种预期则来自人们对角色的认知。作家必须使用花招来劝说人们接受那些他们在现实生活中会不假思索接受的巧合和偶然事件。他们无一例外都是决定论者，要是哪个作家不把他们顽固的偏见当回事，就会吃亏。

但当回顾自己的一生时，我不能不注意到某些境遇对我的影响有多大，而这些境遇很难不被看作纯粹的偶然事件。决定论者告诉我们，人们会沿着阻力最小的路线，或者受到最强动机的影响做出选择。我并不觉得自己总在沿着阻力最小的路径前进，而如果我是依循最强的动机行事的话，那这种动机也是我自己逐渐形成的一种想法。有一个关于下棋的暗喻，尽管已经老掉牙了，但用在这里非常恰当。棋子是现成的，我必须接受每个棋子特有的移动方式。但曾经在我看来，我有能力根据自己的好恶和为自己设定的目标不受限制地移动棋子。同时在我看来，有时候我可以进行一些结果尚未完全确定的尝试。即便这是错觉，也是具有影响力的错觉。现在，我知道自己所走的招数经常是错误的，但最终这些招数都以这样或那样的方式达到了既定的目标。我希望自己没有犯下太多错误，但我不会对此深感遗憾，也不会让一切重来。

宇宙中的一切共同作用引发了我们的每一个行为，自然也包括我们的所有观念和欲望——对这种观点，我并不认为它不合理。但行为一旦发生，是否就意味着其永远无法避免，则只有在你确定其中是否有尚未完全确定的、被布劳德博士[①]称为因果起源的事件后，才能做出判断。休谟在很久以前就表明，因果之间并没有可以被心灵感

---

① 即查理·布劳德（Charlie Broad，1887—1971），英国哲学家，新实在主义者，著有《知觉、物理及实在》（*Perception Physicsand Reality*）、《科学思想》（*Scientific Thought*）等。

知的内在联系。最近的不确定性原理，通过观察某些显然无法确定其起因的事件，对迄今为止一直作为科学基础的法则的普遍有效性提出了怀疑。看来人们必须再次考虑事情发生的偶然性。如果我们不一定受因果规律的约束，那我们的意志是自由的就不是一种错觉。主教和牧师像抓住魔鬼的尾巴一样抓住了这个新的观念，希望能够借此把魔鬼拖回到现实中来。即便不是天庭，那无论如何也是主教的府邸中出现了一片欢欣鼓舞。也许感恩曲唱得太早了。我们最好不要忘记，当今最出色的两位科学家对海森堡原理持怀疑的态度。普朗克[①]表示他相信进一步的研究会清除这类异端，爱因斯坦则称以海森堡原理为基础的哲学思想为"文学"，恐怕他只是在用客气的方式表示这些都是一派胡言罢了。物理学家告诉我们物理正在取得迅速的进展，只有仔细研读期刊文献，才能紧跟它的发展。将理论建立在如此不稳定的一门科学所提出的原理之上无疑太轻率了。薛定谔[②]本人就曾说过，想就这一问题做出最

[①] 即马克斯·普朗克（Max Planck，1858—1947），德国物理学家、思想家，诺贝尔物理学奖的获得者，是量子力学的重要创始人之一。

[②] 即埃尔温·薛定谔（Erwin Schrödinger，1887—1961），奥地利物理学家，建立了波动力学，量子力学奠基人之一，因发展了原子理论曾获诺贝尔物理学奖。

终且全面的判断是不可能的。普通人保持中立是合理的，但如果他们站在决定论这边，可能也是明智的。

第73章
年轻与衰老

人类的生命力很旺盛，随之而来的喜悦抵消了人类所面对的痛苦与艰辛。生命力使生活有意义，因为它来自内心，并用明亮的火焰照亮了每个人的境遇，不管这个境遇有多么无法容忍，都似乎变得可以承受。很多悲观情绪之所以产生，是因为我们把自己处在别人位置上的感受强加给了别人。正是这一点（还有很多其他原因）使得小说如此虚假。小说家按照自己的私人世界构建出一个公共的世界，并将自身所特有的敏感、思考力和情感能力赋予了想象中的角色。大部分人没有想象力，而在富有想象力的人看来，无法容忍的境遇对他们来说并不痛苦。例如，非常贫穷的人生活中是没有隐私的，这对于看重隐私的我们来说似乎非常恐怖，但在他们看来却并非如此。他们不愿独处，与他人相伴让他们感觉很安全。曾经栖身他们中的人一定注意到了，他们一点也不羡慕有钱人。事实上，很多在我们这些外人看来必要的东西，他们却并不需要。这对富人来说是件好事，因为他们视而不见，看不到大城市里无产阶级过着悲惨和混乱的生活。一个人很难接受这样的事实：人们应该没有工作，工作就该如此沉闷，他们和妻儿就该生活在饥饿边缘，除了穷困，别无所期。如果只有革命能改变这一切，那就让革命到来吧，并且来得快一些。

我们看到，即使在今天，那些我们习惯上称为文明国家的人们在对待彼此时依然如此残忍，要说他们比过去有所进步未免太轻率了。但就整体而言，认为比起历史记载的过去，世界变得更适合生存了，尽管大多数人的命运很糟，但和过去相比不再那么可怕，这样的想法似乎并不愚蠢。而且人们有理由相信，随着知识的增长、对许多残酷迷信和旧习俗的摒弃，以及仁爱之心的增多，人们承受的很多不幸将被去除。但仍有很多不幸一定还会继续存在，因为我们是大自然的玩物。地震还会继续大肆破坏，干旱将继续毁坏庄稼，而无法预见的洪水也将继续摧毁人们精心搭建的建筑。唉，愚蠢的人类还将继续用战争毁掉许多国家。不适合生存的人还会继续出生，生活将成为他们的负担。只要有人强壮，有人软弱，软弱的人就会被逼入绝境。只要人类还受到占有欲的诅咒，（我认为只要人类存在，这种诅咒就会持续），他们就会从那些无力保护自己的人那里攫取尽可能多的东西。只要他们还有自我主张的本能，他们就会不惜以他人的幸福为代价来发挥这一本能的作用。简而言之，只要你还是人类，就必须准备好面对自己所能承受的所有痛苦。

为什么会存在不幸，根本解释不清，我们必须将其视为宇宙秩序中不可或缺的一部分。忽视不幸纯属幼稚，而为之哀叹则毫无意义。斯宾诺莎称，怜悯是妇人之仁，从他这个温柔而朴素的人的嘴里说出这样的话不免有些刺耳。我想他是这么认为的：有些事你明明无法改变，却还要反应强烈，那只能是在浪费感情。

我不是一个悲观主义者。事实上，如果我悲观的话，那就太荒谬了，因为我是一个幸运的人。我经常惊讶于自己的好运。我很清楚，很多人比我更值得拥有降临在我身上的幸福命运。零星的偶然事件就可能改变一切，将我挫败，如同许多和我一样，甚至比我更有才能的人所遭受的那样。如果他们当中有人读到这里，我想请这些人相信，我没有自负地将发生在我身上的事情归功于我的优点，而是将它们归功于一系列不太可能发生的事件，至于它们为何会发生，我则无从解释。尽管我有诸多缺陷，无论是身体上还是精神上，但我还是很高兴自己活着。我不会再过一次这样的生活，那毫无意义。我也不愿再经历一次自己所遭受的痛苦。我对生命中的痛苦比对快乐感受得更深，这是我天生的一个缺点。但如果我的身体没有缺陷，变得更加强壮，我的头脑也更有智慧，那么我不介意重新来到世间。

我们眼前的岁月看上去似乎很有意思。踏入社会的年轻人拥有我们年轻时所没有的便利条件。习俗对他们的约束有所减少，他们也明白年轻的价值。我二十多岁的时候，世界是中年人的世界，人们都想尽快度过年轻时期，以便进入成年期。而今天的年轻人，至少在我看来，我所在的中产阶级的那些年轻人要准备得更加充分。他们学了很多对他们有用的东西，因此我们必须尽最大努力向他们学习。两性之间的关系也更加正常。现在，年轻女性已经学会如何做年轻男人的伴侣。我们这一代见证过妇女解放的人不得不面对的一个难题是妇女们不再充当主妇和年轻的母亲，她们过着远离男人的生活，有着自己的兴趣和特别关注的事物，尽管没有能力，却试图参与男人的事务。她们要求得到她们乐于承认自己不如男人时应该得到的体贴，此外，她们还凭借自己刚刚获得的权利坚持自己有权参加男性的所有活动，而她们对这些活动的了解只是皮毛，因而她们本身就成了阻碍。她们不再是家庭主妇，却还没学会成为好的同伴。对于一位老先生来说，没有比见到当今年轻女孩们更令人愉快的了。她们如此能干、自信，既有能力管理办公室，也有能力打一场激烈的网球，她们聪明地关心公共事务，能够欣赏艺术，准备自力更生，用冷静、精明和坚忍的目光面对生活。

我决不会披上先知的外衣，但我认为这些登上舞台的年轻人显然应当对改变文明的经济改革有所期待。他们不会知道曾经无忧无虑的生活使许多在战前风华正茂的人对那些年的看法像法国大革命的幸存者对旧政权的看法一样。他们不会知道甜蜜的生活。现在我们正处于大革命的前夕。我并不怀疑逐渐意识到自己权利的无产阶级最终将在一个又一个的国家夺取政权，当今的统治阶级一直让我感到吃惊，他们宁愿继续面对这一压倒性的力量做无谓的斗争，也不愿尽一切努力为了将来的命运训练大众，以便他们将来被剥夺财产时，命运不会像俄国人那样悲惨。多年前，迪斯雷利就告诉了他们该怎么办。就我自己而言，我必须坦率地说，我希望事物的现状能够在我的有生之年保持下去。但我们生活在一个快速变化的时代，也许我会看到西方国家交由共产主义统治。我认识的一个俄国流亡者告诉我，失去土地和财产时他万分绝望，但两周后，他恢复了平静，从此再也没有想过自己被剥夺了什么。我认为我对自己的各种财产没有那么依恋，因此不会为它们惋惜很长时间。如果我的世界出现了这样的情况，我应该会努力使自己适应，如果我发现生活不堪忍受，我想自己应该不会缺少勇气退出一个无法再让我满意发挥的舞台。我想知道为什么很多人一想到自杀就惊恐万分。把自杀说成懦弱纯属无稽之谈。对于生活中只剩下痛苦和不幸，按照自己意愿结束生命的人，我只能表示赞成。普林尼①说过，对于身处各种苦难之中的人，随心所欲死去的力量是上帝赐予的最好的礼物。撇开那些因为自杀违反了神法而视其为罪过的人不谈，我认为这件事之所以引起这么多人愤慨，是因为自杀蔑视生命力，无视了人类最强的本能，使人们对于这种本能所具有的保护力产生了可怕的怀疑。

通过这本书，我应该可以完整地描绘出我为自己设定的图景。如果我还活着，我会为了消遣而写其他的书，我希望读者也能从中得到乐趣，但我不认为他们会为我的蓝图增添任何必要的东西。房子已经建好，还将有一些增建部分：一个可以看到美景的阳台，或一座可以在炎炎夏日进行冥想的凉亭。假使死亡使我无法继续，而拆房者在讣告中获

---

① 即盖乌斯·普林尼（Gaius Plinius，公元23或24—79），又称老普林尼，古罗马博览群书的作家，以《自然史》（*Natural History*）一书闻名于世。

知我被埋葬后，次日便会开始动手拆除，但毕竟房子已经建成。

我在展望老年时并不感到沮丧。在阿拉伯的劳伦斯①死后，我读到了他的朋友写的一篇文章，里面提到他习惯飞速驾驶摩托，他认为一旦出了事故，他的生命就可以在他鼎盛时期结束，这样就可以免去遭受老年带来的耻辱。如果事实果真如此，那么这就是那个性格古怪、有点戏剧化的人物的巨大缺点，说明他缺乏理智，因为完整的生活，以及完美的生活图景不仅包括年轻和成熟时期，也包括老年。清晨的美丽和正午的光芒固然很好，但一个人拉上窗帘，打开灯光，把夜色的宁静关在外边，那就太愚蠢了。老年自有老年的乐趣，尽管和年轻时的乐趣有所不同，但并不会有所减少。哲学家总是说我们是激情的奴隶，难道能够摆脱其控制是一件小事吗？愚蠢的人老了依然愚蠢，可他年轻时也同样如此。年轻人之所以害怕年老，是因为他们认为自己即使变老，也仍然渴望那些年轻时给他带来变化和激情的事物。他们错了。的确，老年人不能再爬阿尔卑斯山，也不能在床上与漂亮的女孩亲热，他们不再能激起别人的欲望。但老年可以使人们从单恋的痛苦和猜忌的折磨中解脱出来，常常毒害年

① 即托马斯·爱德华·劳伦斯（Thomas Edward Lawrence，1888—1935），英国作家、革命家，曾参与阿拉伯大起义。

轻人的妒忌行为也因为激情的消逝而减轻。但这些都是负面补偿，老年也有正面补偿。尽管听起来有点自相矛盾，但老年人拥有更多时间。

年轻时，我对普鲁塔克的话感到惊讶，他说老加图在八十岁时开始学习希腊语。但现在我不再感到吃惊。老年人愿意承担年轻人因为花费时间太长而不愿承担的任务。人到了老年，品位就会有所提升，能够欣赏艺术和文学，而不带有年轻时会影响判断的个人偏见。老年人还有对自身成就的满足。他们从人类利己主义的束缚中解放了出来。他们最终获得了自由，灵魂在时光的流逝中欢欣鼓舞，而不去强求留住时光。他们完成了生命的版图。歌德要求死而复生，这样他就可以实现那些他一生中没有时间发展的其他方面。但他不是说过，如果想要有所成就，就必须学会自我约束吗？在阅读他的生平时，你一定会对他在琐事上浪费的时间感到震惊。如果他能够更加谨慎地约束自己，也许他就可以发展属于自己独特个性的一切方面了，也就不再需要有来生了。

第74章
论死亡

斯宾诺莎说，一个自由的人很少考虑到死亡。没有必要对这个问题详述，但像很多人那样完全回避也很愚蠢。人们对此最好做出自己的判断。只有在面对死亡时，我们才可能知道自己是否害怕。我常常想象在被医生告知得了致命的疾病，时日不多时，自己会有什么样的感受。我把这些感受通过自己创作的各种角色表达了出来，但我很清楚这样就把这些感受戏剧化了，因此我无法判断它们是不是我真实的感受。我不认为自己有着想要抓住生命的强烈本能。我得过很多严重的疾病，但只有一次，我知道自己离死亡不远了。当时我太累了，没有感到害怕，只想结束挣扎。死亡无法避免，如何遭遇死亡并不那么重要。如果有人希望自己意识不到死亡的来临，能够幸运地、没有痛苦地离开，我认为这无可非议。

　　我一直都活在未来，尽管对于现在的我来说未来已经很短暂，但我仍然无法改掉这个习惯。带着某种自满的心理，我对自己在未来不确定的几年内完成我一直试图描绘的人生图景充满了期待。有时，我是那么渴望死亡，就像渴望飞入爱人的怀抱一样，它带给我的震撼如同许多年前生命带给我的那般。我沉醉在这种想法之中。在我看来，死亡给了我最终也是最绝对的自由。尽管如此，只要医生能让我维持在尚可的健康状态，我还是愿意继续活下去。我喜欢游览世界奇观，对于未来发生的事情也充满了兴趣。许多与我平行的生命的终结给了我不断反思的养料，有时也证实了我很久以前就形成的理论。我应该对朋友的离世感到难过。对我曾经指导和保护过的人，他们幸福与否，我无法无动于衷，但在依赖我许久之后，他们能够享受自由也是一件好事，无论他们将被带向何处。长时间地占据世界一席之地后，我很乐意将其让与他人。毕竟人生图景的意义之一就在于将其完成。当这幅画没有什么可以再添加时，艺术家就会离开。

　　可是，如果现在有人问我这幅图景有什么用处或者意义，我只能回答他：没有。那只是我强加在没有意义的生命之上的东西，因为我是一个小说家。为了让自己满意，为了取乐，为了满足对我来说如同生理需要的一种感受，我依照某种设计塑造了自己的生活，有开头、过程和结尾，再加上在各处遇到的人，我构想了一出戏剧、一部小说，或者一篇短篇小说。性格和周围的环境塑造了我们。我描绘的不是我认为最好的，甚至不是我会喜欢的，而只是可能存在的生活模式。还有其他更好的人生模式。我认为最好的模式是农夫的生活方式——他们耕田、养殖，既能辛苦劳作，也能享受闲暇、爱情和婚姻，他们生儿育女，然后死去。我之所以这么想，并不仅仅是因为我受到了文人天生爱幻想的影响。我观察到农民在那些受到上天眷顾的土地上，无须额外耕种就能大获丰收，个人的欢乐与痛苦是人类诞生以来就附带的欢乐与痛苦。在我看来，完美的人生在那里得到了完美实现。那里的生命就像一个好的故事那样，从头至尾沿着一条坚实而连续的线索展开。

第 75 章
论真理

　　人类的自我主义使他们不愿意接受生命的无意义，当他们自以为是地认为自己推进了神灵的终结，并因为再也无法相信神灵而感到怏怏不乐时，他们试图在那些貌似可以提高他们直接福利的价值观之外构建起某些其他价值观，以此来赋予生命意义。历代积累的智慧从中选择了三种最有意义的价值观。为了这些价值本身而去追求它们，似乎给了生命某种意义。尽管这些价值观在生物学上无疑也是有用的，但看似公正的外表给人一种错觉，以为通过它们可以摆脱人性的枷锁。这些崇高的价值观使人们更加不能确定自己存在的精神意义，但不论追求的结局如何，似乎都证明了他们的努力是有必要的。它们是生存在这片广袤沙漠中的绿洲，由于人类不知道自己旅途的终点在哪儿，便说服自己，无论如何，这些价值都值得追求，成功之后，他们将得到安宁，问题也将得到解答。这三个价值观就是真、善、美。

我认为"真"是由于修辞才在这个行列中有了一席之地。人类赋予其诸如勇敢、光荣和精神独立之类的道德品质，这些品质的确常常通过对真理的坚持才得以彰显，但实际上与真理并无关系。人类从中发现了实施自我主张的大好机会，他们对真理所带来的任何牺牲都漠不关心。但那样他们的兴趣就在于自身，而非真理。如果真理是一种价值，那也是因为它是真实的，而不是因为人们勇敢地将它说了出来。但由于"真"是一种判断特征，因此人们会认为其价值在于它所代表的判断，而并非它自身。连接起两座大城市的桥要比连接起两片荒原的桥更重要。如果"真"是终极价值之一，那么没有人知道它到底是什么，就显得很奇怪了。哲学家还在就它的意义争论不休，持相反意见的双方对彼此冷嘲热讽。在这种情况下，普通人只能任由他们去争论，并满足普通人自己的真理。真理非常审慎，它只针对某些关于特定存在的事情进行断言。真理是对事实赤裸裸的陈述。如果它是一种价值，那么我们必须承认，没有哪种价值比它更受到忽略。关于真相被合理隐瞒的理由，伦理学的著作给出了长长的单子，这些书的作者大可省去这些麻烦。历代积累的智慧早已说过：不是所有的真相都可以公之于众。人们总是为了自己的虚荣、安逸和利益而牺牲真相。他们不是靠真相为生，而是靠想象活着。在我看来，他们所谓的理想主义只是他们努力把真理的威望与他们创造的虚构相结合，以满足自负。

第76章
论美

　　美的情形要好一些。多年来，我一直认为，只有美才能赋予生命意义，而在地球上繁衍生息的一代又一代的人唯一的任务就是偶尔产生一位艺术家。我认为艺术作品是人类活动的最高产物，是所有苦难、无尽的辛苦劳作，以及人类奋斗受到挫败的终极理由。因此，米开朗基罗才会在西斯廷教堂的顶上绘制某些人物，莎士比亚才会写出某些台词，而济慈才会写下某些颂词。在我看来，这些值得数以百万计的人出生、受苦和死亡。后来为了缓和这种夸张的想法，尽管我把美好的生活也算到了唯一赋予生命意义的艺术作品之中，但我仍然认为美才是我所珍视的。不过我早已放弃这些想法。

　　首先，我发现美是终点。当我端详美丽的事物时，我发现，除了注视和敬仰之外，我什么也做不了。它们给我的感受非常强烈，我却无法保留，也不能无限期地重复这种感受，世界上最美的事物最终都会让我感到无聊。我发现更具尝试性的作品能够给予我更持久的满足感。因为它们尚未取得完全的成功，让我的想象有了更大的活动空间。而在那些最伟大的艺术作品中，一切都已实现，不容我再添加任何东西，可我不安定的头脑讨厌被动的思考。于我而言，美仿佛山峰的顶点，在你到达之后，除了再下来，就无事可做了。完美有点乏味，尽管我们以其为目标，但最好还是不要做得非常成功，而这正是生活中最讽刺的事情。

我想，我们所说的美指的是那些满足我们审美意识的对象，既可能是精神上的，也可能是物质上的，更多的情况下是物质的。然而，这种说法使你对美的理解，就如同被告知一个物体是湿的之后你对物体中水分的了解。我读过大量的书后发现，权威人士必须承认这种说法让事情变得简单了一些。私下我认识很多专注艺术的人，但恐怕我既没有从他们身上，也没有从书上看到很多对我大有裨益的东西。我注意到最奇怪的一件事情是人们对美的判断缺乏持久性。博物馆里充满了一个时代最有品位的人们认为美丽的物品，但对今天的我们来说，它们已经毫无价值。而且在我的一生当中，我看到美从不久前还非常精美的诗歌或者图画中消失了，就像晨曦前的白霜。也许我们很自负，但我们不会认为自己的意见是最终的判断，我们认为美丽的东西无疑会遭到后代的不屑。而被我们轻视的作品则可能受到尊重。唯一的结论就是美与特定一代人的需求相关，探讨我们认为美丽的东西是否具有绝对的美是无用的。如果美是给予生命意义的价值之一，那它就会经常发生变化，因而无法对其进行分析，因为就像我们闻不到祖先曾闻到的玫瑰花香一样，我们也感受不到他们感受到的美。

我曾试图从美学作家那里探知人类本性中有哪些特质能让我们获得美的情感，以及这种情感究竟是什么。谈论审美本能已经十分常见，这个术语使这一本能在人类的原始动力，比如饥饿和性中占据了一席之地，同时赋予其特殊品质，可以满足哲学家对统一的渴望。因此，美学来源于表达的本能、旺盛的活力和我不知道是什么的神秘的绝对感。就我而言，我会说它根本不是一种本能，而是身心的一种状态，部分建立在某些强大的本能之上，但又结合了作为进化结果的人类的特点，以及常见的生活环境。审美与性本能有很大关系，一个公认的事实似乎可以证明这一点，即拥有异常细腻美感的人在性方面总是偏离正常，达到极端且往往是病态的程度。也许我们身心构造中的某些东西使某些音调、节奏和颜色对人类特别具有吸引力，因此也许我们所认为美的元素中有生理的原因。但有些事物让我们想起了自己曾经爱过的，或者由于时间的流逝而被赋予以情感价值的物体、人或者某个地方时，我们也会认为它们很美。我们会因为认识一些事物而认为它们是美的；相反，我们也会因为有些事物的新奇令我们惊讶而认为它们很美。所以这些都意味着联想，不管相似还是相反的，都是审美情感中很大的一个因素。只有联想才能解释清楚丑陋的美学价值。我不知道是否有人研究过时间对美的创造的影响。不仅仅是我们对事物了解的加深使我们渐渐认识到了事物的美，后人对它们的喜爱在某种程度上也增加了它们的美。我想这就是为什么有些现在看上去明显很美的作品，在问世之初却没有引起太多注意。我认为济慈的颂诗比当初他写的时候更美。从这些动人的诗句中找到慰藉和力量的人，他们的情感使这些诗变得更加丰富。我不但不认为审美情感是一件具体、简单的事情，反而认为它非常复杂，由各种各样且往往杂乱无章的因素构成。审美学家说你不应该因为一幅画或一首交响曲而让你充满激情，或者让你想起某些遗忘很久的场景而哭起来，或者引起联想而使你产生了神秘的狂喜，就被它们感动。这样说并不好，因为它们的确会产生这种效果，它们的这些方面就像人们从平衡和结构中获得的客观满足一样，也是审美情感中的必要部分。

一个人对一件伟大艺术作品的反应究竟是什么？例如，一个人在卢浮宫看到提香的《基督下葬》，或者听到《名歌手》里的五重奏时会有什么感受？我知道我的感受是什么。它们令人兴奋，给了我一种振奋的感觉，理智但又充满感性，让我感到了安宁，我似乎从中觉察到了力量感，以及从人际人关系中得以解脱的自由感。与此同时，我感到内心有一种富于同情心的温柔，我感到了放松和平静，以及精神上的超然。事实上，有时候，在看到某些图画或者雕塑，或者听到某些音乐时，我心中便会情感翻涌，我无法使用神秘主义者用于描述上帝与他们同在时的词语来描述我的感受。这就是为什么我会认为这种与更大现实交流的感觉不只是宗教的特权，而是可以通过祈祷和禁食以外的其他途径获得。不过，我曾经问过自己这种情感有什么用处。它当然令人愉快，而快乐本身是美好的，但是什么让它超越其他快乐，以至于将它说成快乐似乎贬低了它？杰里米·边沁①说所有的幸福都一样美好，如果快乐的质量是一样的，那图钉就和诗一样好，这样的说法岂不是太愚蠢了吗？神秘主义者对此给出的答案非常明白。他们说除非狂喜强化了人

_____
① 杰里米·边沁（Jeremy Benthan，1748—1832）：英国法理学家、哲学家、经济学家，是功利主义学派的先驱。

格，使人更有能力采取正确行动，否则它是没有价值的，其价值取决于它的成果。

能够生活在富有美感的人当中是我的运气。在这里，我说的不是创造者，在我看来，创作艺术的人和欣赏艺术的人之间有很大差距。创作者之所以创造，是因为他们内心的冲动迫使他们将自己的个性形象化。如果他们创造的东西具有美感，那只是一个意外，他们很少以此作为自己专门的目标。他们的目的是使自己的灵魂摆脱压迫他们的负担，他们之所以使用某些特定工具，比如笔、颜料或者黏土，那是他们天生就有的才能使然。在这里，我说的是那些把对艺术的沉思和欣赏作为生活主要事务的人。我发现他们身上没有什么值得钦佩的地方。他们自负且沾沾自喜。他们不善于处理生活中的实际事务，却又蔑视有些人兢兢业业地去做命运强加给的平凡之事。就因为他们读过很多书或者看过很多画作，他们就认为自己高人一等。他们用艺术来逃避现实生活，愚蠢地蔑视普通事物，否定人类基本活动的价值。事实上，他们比瘾君子好不到哪里去，相反，他们更糟，因为无论如何，瘾君子不会让自己高高在上，俯视自己的同伙。艺术的价值和神秘之路的价值一样，都在于其效果。如果它只能够提供乐趣，尽管这种乐趣可能是精神上的，那也没什么大不了的，至少不会比一打牡蛎加一品脱蒙特拉调葡萄酒更重要。只要它带给人安慰，就已经足够好了。世界上充满了各种无法避免的不幸。如果人们能有一些隐居之处可以不时地脱离现实，那将是一件好事。不过，他们这么做不是为了逃避，而是为了积蓄新的力量来面对不幸。就艺术而言，如果它被认为是人生伟大的价值之一，那它就必须教会人们谦逊、宽容、智慧和大度。艺术的价值不在于美，而在于正确的行为。

如果美是人生伟大的价值之一，那就很难让人相信，使人类能够欣赏美的美感只是某个阶级的特权。我们不可能坚持认为，只有特权阶层才具有的感受能力是人类生活的必需品。然而这是审美专家们的主张。我必须承认，在愚蠢的青年时期，我曾认为艺术（我把自然之美也包括在其中，因为当时我非常相信自然之美也是由人构建的，恰如人们创作了图画或者交响乐一般，事实上，到今天我也这么认为）是人类努力的顶点，让人类的存在有了正当的理由。想到艺术只能由少数人欣赏给了我一种特别的满足感。不过，这种想法早就让我感到了不满。我无法相信美是一块封地、一种艺术形态，只对那些经历过特殊训练的人有意义，我认为这与它吸引的那伙人一样微不足道。只有当所有人都能欣赏时，艺术才堪称伟大和重要。小圈子的艺术只是玩物而已。我不知道人们为什么要区分古代艺术和现代艺术。我们有的只是艺术。艺术是有生命的。试图通过详细论述艺术品的历史、文化或考古上的联系来给予其生命毫无意义。一座塑像是由古希腊人还是现代法国人雕成的并不重要，唯一重要的是此时此刻它带给我们审美上的震撼，而这种震撼会让我们投入工作中去。如果它不仅仅是自我放纵的结果和自我满足的理由，那它就必须强化你的性格，使其更适合正确的行为。有个推论，虽然我不喜欢，但也只能接受，那就是：艺术作品必须以其成果来评判，如果成果不好，那它就没有价值。艺术家只有在无意为之的情况下才能取得这种成果，这是一个奇怪的事实，但我们必须像接受事物的本质一样接受它，对此我也无法做出任何解释。一个人只有在没有意识到自己在布道时，他的布道才是最有效的。蜜蜂出于自己的目的生产蜂蜡，并没有意识到人类会将其用于多种用途。

第 77 章
论善

看来，无论是真还是美，都不可能说其具有内在价值。那么善呢？在说善之前，我要先说一下爱，因为有些哲学家认为爱包含了其他的所有价值，因此视其为最高的人类价值。柏拉图主义和基督教合起来赋予了它神秘的意义。与这个词有关的联想让它具有了比纯粹的善更令人兴奋的情感。相比之下，善有些乏味。但爱有两层含义：纯粹而简单的爱，也就是性爱，以及慈爱。我认为即使是柏拉图，也不能准确地将它们进行区分。在我看来，他将狂喜、力量感，以及与性爱相伴的活力增强的感觉都归到了另一种爱的名下，他称之为天堂般的爱，而我则宁愿称之为慈爱，使这种爱沾染了世俗爱情根深蒂固的缺陷，因为爱会消逝，爱会死去。生命巨大的悲剧不在于人的消亡，而是人的爱会停止。生活中很大的不幸是你爱的人不再爱你，但对此有一些小小的补救方法。

拉罗什富科①发现爱人之间有一个爱着对方，而另一个则让对方爱着自己，他用警句表达了这种使人们永远无法在爱情中获得完美幸福的矛盾之处。无论人们多么不满、多么不愿意承认，但毫无疑问，爱情取决于某些性腺的分泌物。大多数情况下，这些分泌物不会无限期地被同一对象激发，而且随着人们年龄的增长还会衰退。人们在这件事情上非常伪善，不愿面对真相。他们还如此地自欺欺人，当爱情衰退，变成他们所谓的牢固而持久的感情时，他们会欣然接受。好像感情跟爱情有什么关系似的！感情来自习惯、共同的利益、方便和对陪伴的渴望。它让人感到舒适而不是兴奋。人是善变的生物，变化就如同我们呼吸的空气，难道我们人类最强烈的一种本能会免受这一法则的约束吗？今年的我们已和去年不同，我们的爱人也一样。如果不断在变化的我们能够持续地爱一个不断在变化的人，那只是一个令人愉快的意外。大多数情况下，改变的我们绝望而可悲地努力去爱一个已经改变的人。这只是因为爱情的力量在将我们俘虏时看上去

———————————————

① 即弗朗索瓦·德·拉罗什富科公爵（1613—1680），法国思想家、古典作家，也被称为马西亚克亲王，著有《回忆录》（*Memoirs*）、《道德箴言录》（*Réflexions ou sentences et maximes morales*）等。

如此强大，因此我们说服自己它会永远持续下去。而当它退去之后，我们感到羞愧，感到被欺骗，为自己的软弱而自责。然而，我们应当接受这种转变，这是我们人性的自然结果。人类的经验导致他们在看待爱情时心情非常复杂。他们怀疑爱情，既常常诅咒它，也常常赞扬它。人类的灵魂为自由而挣扎，除了短暂的片刻之外，他们把爱情要求的忍让视为爱情的丧失。也许爱情带来的幸福是人类所能获得的最大幸福，但它很少是纯粹的。爱情写就的故事总有一个悲伤的结局。很多人憎恨它的力量，愤怒地祈祷能从这种负担中解脱出来。他们拥抱自己的锁链，又因为知道那是锁链而憎恨它们。爱不总是盲目的，没有什么事情比全身心地爱一个你知道不值得你爱的人更痛苦的了。

但慈爱不会受爱情无法弥补的缺陷"短暂性"的影响。它的确不能完全排除性的因素，就好像跳舞一样。一个人跳舞是为了有节奏的运动所带来的乐趣，没有必要希望和舞伴上床。不过，如果这样的希望不会招致对方厌恶，那也不失为一项愉快的活动。性本能在慈爱中得到了升华，但也将自身的温暖和活力赋予了慈爱。慈爱是善良中最好的部分，它为善良所具有的严厉性增添了优雅，使得践行善良中消极且不那么令人兴奋的一面，即自控、自我克制、耐心、遵守纪律和宽容这些微小的美德不再那么困难。善似乎是这个表象世界中唯一可以声称其本身就是其目的的价值。美德就是它的回报。得出如此普通的结论让我感到羞愧。出于追求效果的本能，我本应用一些令人震惊而又自相矛盾的声明，或者用一种我的读者会笑着辨认出的我所特有的玩世不恭来结束这本书。看上去，我说的内容并不比在任何文案上能读到或者在任何讲坛上能听到的话更多。我绕了一个大圈子所发现的东西，所有人早已知晓。

我几乎没有什么敬畏之心。这世界上有太多敬畏了，很多不值得敬畏的事物也要求人们表现出敬畏之心。对于我们不愿意积极关注的事物，我们只不过是依照惯例予以致敬。我们对向过往的伟大人物，比如但丁、提香、莎士比亚和斯宾诺莎，致以的最大敬意不是对他们心怀敬畏，而是要像对同时代的人一样去熟悉他们。如此便是尽我们所能给予他们的最高赞美。我们熟悉他们，表明了对于我们来说，他们是有生命的。不过，当我偶尔见到真正的善时，我发现敬畏从我的内心油然而生。于是，即使这些少数真正善良的人有时可能不像我希望的那样具有智慧，似乎也就没那么重要了。

在我还是个小男孩的时候，我就很不快乐，每天晚上都幻想学校的生活是场梦，醒来后可以回到家里，和妈妈在一起。对我来说，妈妈的去世是一种创伤，即使过去了五十年也未能痊愈。我早就停止了这种幻想，但那种感觉从未彻底消失：我的生活是一场幻想，我在其中做着这样或那样的事情，因为事情就是如此发生的，但即使在其中扮演着自己的角色，我也可以从远处旁观，并且知道一切都是幻想。回顾我的一生，既成功过，也失败过；既没完没了地犯错，欺骗过别人，也曾信守过诺言；既有过快乐，也有过痛苦，但奇怪的是，这些在我看来都不够真实。我的人生朦胧而虚幻。也许是因为内心无法找到安宁，因此我对上帝和不朽有着某种与我的理性相悖，且是世代相传的深切渴望。由于没有见到过更好的品行，因此有时候在我看来，认为自己在遇到的人身上经常能看到的善具有现实性，可这种想法是言不由衷的。也许我们从善中看到的不是生命的理由，也不是对生命的解释，而是对罪过的减轻。

　　我们身处冷漠的宇宙之中，从出生到死亡都不可避免地被不幸所包围，善既不是质疑，也不是回答，而是对我们独立的肯定。它是幽默对于荒诞的命运悲剧所做的反驳。与美不同，善完美而不乏味。它比爱更伟大，它的快乐不会随着时间的流逝而减弱。但善体现在正确的行为当中，可是在这个没有意义的世界中，谁又能说出什么是正确的行为？它不能以幸福为目的，如果产生了幸福的结果，那也只是令人愉快的巧合而已。众所周知，柏拉图嘱咐他的智者放弃宁静的沉思生活，投入纷乱的实际事务当中，从而将责任的诉求置于对幸福的渴望之上。我想，我们所有人都曾经选择过一条我们认为正确的生活轨迹，即使我们知道这条路不论在当时还是在将来都不会带给我们幸福。那什么是正确的行为呢？就我而言，我所知道的最好答案是弗雷·路易斯·德·莱昂①给出的。要明白他的话似乎并不是非常困难，不会使人性的弱点因为力所不逮而畏缩不前，可以用这句话来结束本书。他说："生命之美并非他物，而在于每个人的行为都能符合自己的天性和职责。"

---

① 弗雷·路易斯·德·莱昂（Fray Luis de León, 1527—1591）：西班牙抒情诗人，主要作品有《完美的妻子》（*La peifecta casada*）和《基督之名》（*De los nombres de Cristo*）等。